PENSÉES
QUOTIDIENNES

Photo de couverture : NickyPe pour Pixabay.com

Éditions Prosveta S.A. – 83600 Fréjus (France)
ISBN 978-2-8184-0521-5
Édition numérique : 978-2-8184-0577-2

Omraam Mikhaël Aïvanhov

PENSÉES QUOTIDIENNES

2022

PROSVETA

Avis au lecteur

Omraam Mikhaël Aïvanhov a dispensé oralement un enseignement spirituel développé dans près de cinq mille conférences spontanées données entre 1938 et 1985 ; ses propos ont été conservés dans leur intégralité, soit qu'ils aient été transcrits par sténographie entre 1938 et le début des années 1960, soit que, pour la période postérieure, ils aient été enregistrés sur des supports audio puis audiovisuels.

Ces enregistrements font l'objet, pour certains, de diffusion par les Éditions Prosveta ; ils peuvent être consultés pour prendre connaissance de cet enseignement de façon exhaustive.

Le présent ouvrage est réalisé à partir d'extraits de ces conférences.

Avant-propos

« Chaque matin, avant d'entreprendre quoi que ce soit, recueillez-vous un moment afin d'introduire en vous la paix et l'harmonie, et de vous lier au Créateur en Lui consacrant, par la prière et la méditation, cette journée qui commence.

L'essentiel, c'est le commencement. C'est là, au commencement, que les forces nouvelles se déclenchent et s'orientent. Pour agir correctement, il faut toujours commencer par chercher la lumière. Quand il fait nuit, vous ne vous précipitez pas dans l'obscurité pour aller prendre un objet ou commencer un travail, mais vous allumez d'abord une lampe pour y voir, et ensuite vous agissez. Eh bien, pour n'importe quel cas dans la vie, vous avez tout d'abord besoin d'allumer la lumière, c'est-à-dire de vous concentrer, de vous recueillir, afin de savoir comment agir. Si vous n'avez pas cette lumière, vous irez à gauche, à droite, vous frapperez à plusieurs portes, et vous ne ferez rien de bon.

Toute la journée est inscrite dans la direction que vous donnez dès le matin à vos pensées. Car suivant que vous êtes attentif et vigilant ou non, vous déblayez le chemin ou, au contraire, vous l'encombrez de toutes sortes de choses inutiles ou même nocives. Le disciple de la Science initiatique sait comment il doit commencer la journée s'il veut qu'elle soit fructueuse, remplie de la grâce de Dieu, afin de pouvoir répandre cette grâce autour de lui sur toutes les créatures. Il sait qu'il doit avoir, dès le matin, une pensée fondamentale autour de laquelle graviteront, durant la journée, toutes ses autres pensées.

Si vous avez pour chaque jour un but précis, une orientation précise, un idéal à atteindre, toutes vos activités vont peu à peu s'ordonner, s'organiser et contribuer à la réalisation de cet idéal. Et même lorsque des pensées et des sentiments étrangers, négatifs, tenteront d'entrer en vous, ils seront détournés et mis au service du monde divin, ils seront obligés eux aussi d'aller dans la direction que vous avez vous-même choisi de prendre. Et c'est ainsi que, grâce à la pensée fondamentale que vous aurez placée dès le matin dans votre tête, dans votre cœur, vous pourrez inscrire cette journée dans le grand Livre de la Vie.

Et puisque tout s'inscrit, une fois que vous aurez vécu une journée splendide, une journée de vie éternelle, non seulement elle sera enregistrée, non seulement elle ne mourra pas, mais elle tâchera d'entraîner toutes les autres journées à sa suite pour qu'elles lui ressemblent. Essayez au moins de bien vivre une seule journée car c'est elle qui influencera les autres : elle va les inviter pour leur parler et les convaincre d'être comme elle, équilibrées, ordonnées, harmonieuses. »

Omraam Mikhaël Aïvanhov

1er janvier

*V*eillez à la façon dont vous allez passer le premier jour de la nouvelle année, car ce premier jour a autant d'importance pour tout le reste de l'année que le moment de la naissance pour toute la vie. La vie de chaque être humain est marquée par les influences astrales qui ont agi au moment de sa naissance ; le déroulement d'une vie est donc contenu en germe dans son commencement et c'est là la raison d'être de l'horoscope.

À une échelle plus réduite, le premier jour d'une année contient en germe tout le déroulement des jours à venir. C'est pourquoi soyez attentif à vivre ce premier jour dans la lumière, l'amour et l'harmonie. Tout au long de la journée, par la prière, la méditation, les chants, les bonnes pensées, les bons sentiments, tâchez d'inscrire des empreintes lumineuses qui influenceront bénéfiquement tous les jours de cette année.

2 janvier

Parsifal partant à la quête du Graal, c'est l'image éternelle de l'adepte sur le chemin de l'Initiation. Comme Parsifal qui devait traverser des forêts obscures, combattre des ennemis et des géants redoutables, déjouer des pièges, le disciple doit affronter l'obscurité, livrer des combats et vaincre les tentations. Une fois toutes les épreuves surmontées, Parsifal arrive dans un château merveilleux aux murs couverts d'or et de pierres précieuses, où il est accueilli solennellement, et c'est là qu'il lui est donné de contempler le saint Graal. La vision du Graal est la récompense suprême pour celui qui nourrit toujours dans sa tête et dans son cœur cet idéal d'obtenir les dons inestimables de l'Esprit.

3 janvier

*L*e feu représente la limite entre le plan physique et le plan éthérique. C'est pourquoi il est considéré par tous les Initiés comme le moyen le plus puissant pour entrer en communication avec le monde spirituel. Si, avant de commencer un travail de quelque importance, les Initiés ont l'habitude d'allumer une flamme, c'est parce qu'ils savent que le feu les introduira dans les régions subtiles où leur pensée, leur voix sera entendue et où ils trouveront les conditions de la réalisation.

Tous les véritables mages ont un lien très puissant avec le feu. Bien que la religion ait perdu de plus en plus le sens de ces pratiques initiatiques, on continue dans les églises à maintenir la tradition d'allumer des cierges ou des veilleuses ; c'est la preuve que les humains conservent inconsciemment ce savoir très ancien que la présence du feu est un gage de réalisation.

4 janvier

Il y a des jours où vous êtes dans l'émerveillement, vous vous sentez riche, heureux... Est-ce qu'à ce moment-là vous pensez à partager un peu cette abondance intérieure avec ceux qui sont malheureux et seuls ? Non, vous gardez tout pour vous.

Il faut savoir donner un peu de cette richesse, de cette plénitude qu'on ne peut même pas contenir, et dire : « Chers frères et sœurs du monde entier, ce que je possède est tellement magnifique que je veux le partager avec vous. Prenez de cette joie, prenez de cette lumière. » Si vous avez la conscience suffisamment développée pour faire cela, vous êtes inscrit dans les registres d'en haut comme un être intelligent et plein d'amour. Et d'ailleurs, ce que vous avez ainsi distribué va se placer sur votre compte dans les « banques » célestes, où vous pourrez puiser un jour si vous en avez besoin. Oui, tout ce que vous donnez ainsi reste à vous, personne ne peut vous le prendre, parce que vous l'avez placé dans les réservoirs d'en haut.

5 janvier

L'hiver est le symbole des conditions difficiles de la vie. Durant l'hiver, toutes les forces de la végétation descendent et se concentrent dans les racines, où se fait un grand travail. Les racines représentent la subconscience. Pendant l'hiver, c'est-à-dire dans les difficultés, la souffrance, la solitude, les énergies se retirent à l'intérieur, dans notre subconscience, et là il se produit de grands changements.

Il ne faut pas s'inquiéter, car cela signifie que bientôt ces énergies se libéreront et qu'il y aura, à nouveau, toute une floraison, une abondante récolte. Il faut donc avoir la patience d'attendre que les courants remontent dans la conscience et la superconscience. Toutefois pour cela, il faut connaître les lois. Durant cette période de froid, il ne faut pas se plaindre, se révolter ; il faut allumer le feu en soi pour réchauffer son cœur et celui des autres.

6 janvier

*L*e meilleur moyen de progresser, c'est de ne jamais se barrer la route, de ne jamais admettre de limites, contrairement à ce que font la majorité des gens, qui ne cessent de dire ou de penser : « Ce travail est trop difficile pour moi »… « Quelles conditions épouvantables ! Je ne pourrai pas résister »… « Ça, je n'arriverai jamais à le supporter »…

Quand on est tellement persuadé d'avance qu'on est incapable, faible, vulnérable, évidemment on ne peut que capituler. Au contraire, il faut se dire : « Je supporterai, je résisterai, je triompherai. » Et si l'on n'y arrive pas encore tout à fait, ce n'est pas grave, on fera mieux la prochaine fois. L'essentiel, c'est de ne jamais s'avouer vaincu, de ne jamais se laisser écraser.

7 janvier

Souvent, c'est quand ils ont tout perdu, tout gâché, et qu'ils ne sont plus capables de faire quelque chose de leur existence, que les humains se décident à se consacrer au Seigneur. Seulement voilà, le Seigneur n'a pas besoin d'invalides ou de vieillards édentés et chancelants. Il a besoin d'êtres jeunes, vigoureux, capables.

Or, quand ils sont jeunes, la plupart ne pensent d'abord qu'à leur plaisir. Ils disent : « Tant que je suis jeune, je veux profiter de la vie », et pas question à ce moment-là de les entraîner dans un travail divin. Mais quand ils ont tout dépensé et gaspillé, quand ils sont vermoulus, perclus de rhumatismes, paralysés ou gâteux, ils se tournent vers le Seigneur : « Seigneur, as-Tu besoin de moi ? Je viens Te servir… » Tout est déjà parti : la santé, les forces, les cheveux, les dents, tout, ils n'ont plus rien, et c'est à ce moment-là qu'ils disent : « Seigneur, est-ce que Tu veux de moi ? » Le Seigneur regarde cette ferraille en se grattant la tête : même Lui, Il ne sait pas à quoi Il pourrait l'utiliser ! Eh oui, si on veut servir un jour le Seigneur, il faut commencer à y penser quand on est jeune.

8 janvier

*V*ous dites que vous priez mais que vous ne savez pas si vos prières sont entendues par le Ciel. Il est pourtant possible de le savoir. Si après une prière vous vous sentez renforcé, dans la plénitude, c'est que le Ciel vous a entendu. Cela ne veut pas dire que, d'un seul coup, il y aura des résultats visibles et tangibles ; non, la réalisation ne se fera pas tout de suite, mais le Ciel vous a entendu, il a pris en considération votre demande, et c'est cela l'essentiel : de sentir que votre prière a été entendue.

L'efficacité de la prière est dans son intensité, et l'intensité est liée au pouvoir que l'on a de dégager ses pensées et ses sentiments de toutes les préoccupations étrangères à cette prière. Donc, pendant un moment, laissez tout de côté pour vous plonger dans un travail spirituel intense, ce n'est qu'à cette condition que vous serez entendu et exaucé par le Ciel.

9 janvier

*D*ans les Livres sacrés, on retrouve souvent la mention du rôle joué par un vêtement précieux. Ce vêtement est symbolique. Il représente l'aura, c'est-à-dire l'émanation spirituelle de l'être intérieur. Dans l'Ancien Testament, il est dit que les fils de Jacob jalousaient leur frère Joseph parce qu'il possédait une belle tunique. Chaque fois que Moïse mentionne cette tunique, il précise qu'elle était de plusieurs couleurs, ce qui prouve bien qu'elle est le symbole de l'aura, dont les couleurs pures et chatoyantes correspondent aux différentes qualités et vertus.

Ce vêtement de lumière, ce vêtement de couleur, efforcez-vous de le tisser patiemment, grâce à votre amour pour le monde divin, grâce au désir de le voir se manifester à travers vous ; car c'est ce vêtement, l'aura, qui va vous permettre de passer au travers des séductions et des tentations sans y succomber.

10 janvier

*D*ans cette incarnation, vous ne pouvez pas changer grand-chose à votre destinée, mais vous avez de grandes possibilités pour la suivante, à condition de le désirer et de travailler dans ce sens. Pourquoi certains ont-ils une existence tellement déplorable ? Parce qu'ils ne savaient pas, dans leur précédente incarnation, ce qu'ils devaient demander, sur quoi ils devaient travailler, pour se trouver aujourd'hui plus riches de dons et de vertus. Ils ne le savaient pas, et maintenant, s'ils continuent à l'ignorer, la prochaine incarnation sera aussi mauvaise, ou même pire encore.

Mais vous qui êtes instruits de ces lois, utilisez toutes les années que vous avez à vivre pour imaginer et désirer les meilleures choses, parce qu'ainsi vous lancez déjà des projets qui vont se matérialiser. La matière actuelle résiste et refuse d'être changée ; tant qu'elle n'est pas usée, elle ne peut pas être remplacée. Mais tout ce que vous avez commencé à créer par votre esprit et votre âme se cristallise peu à peu, et dans votre prochaine incarnation vous reviendrez pourvu des meilleures qualités.

11 janvier

*O*n peut dire que Dieu est en nous et en dehors de nous, et il en est de même de notre Moi supérieur. La plupart des humains n'ont pas une conscience assez développée pour sentir que leur Moi supérieur est en eux-mêmes. C'est pourquoi le travail du disciple est de chercher à s'unir avec son Moi supérieur qui est toute-lumière, tout-amour et toute-puissance, afin de sentir ce qu'il est en réalité et se retrouver.

Il a été dit : « Connais-toi toi-même. » Or la véritable connaissance de soi, c'est de se connaître en haut. Tant qu'on n'aura pas conscience d'être une parcelle de la Divinité, on ne se connaîtra pas et on ne sera jamais ni fort, ni libre, ni sage. Se connaître, c'est s'être trouvé soi-même et avoir trouvé Dieu. En trouvant Dieu, on trouve la liberté, le bonheur, la joie et non seulement en soi, mais dans les autres hommes, et aussi dans les animaux, les plantes, les pierres. Quand on a trouvé Dieu en soi-même, on Le découvre partout, dans tous les êtres, dans toute la nature, et c'est cela véritablement se connaître.

12 janvier

Plus l'homme est lié à la Source divine, plus il attire des ouvriers célestes qui viennent l'aider et le soutenir. C'est ainsi qu'il devient fort, solide, rayonnant, maître de lui-même, et qu'il possède la clé puissante de la réalisation. Tremblez donc de faire quelque chose qui éloigne de vous les ouvriers divins, car chaque péché chasse ces amis invisibles qui ne peuvent supporter les émanations nauséabondes qu'il exhale.

Lorsque le disciple place Dieu au-dessus de toutes choses, lorsqu'il prie, médite, les ouvriers célestes laissent couler sur lui le fleuve de vie et lui envoient des rayons. Si votre âme était ouverte pour capter ces faisceaux de lumière, vous verriez apparaître devant vous un monde sublime plein d'habitants de toute splendeur.

13 janvier

*E*n prenant connaissance des vérités initiatiques, vous ne pouvez plus vous sentir autorisé à vous montrer léger, insouciant, vous êtes obligé de vous surveiller, et c'est très bien. Tant que vous êtes ignorant, vous êtes un peu excusable de commettre des erreurs ; cette ignorance n'empêchera pas que vous ayez à souffrir de ces erreurs, mais vous ne serez pas tenu responsable autant que si vous étiez instruit. Quand on sait et que l'on continue à marcher sur le mauvais chemin, la punition du Ciel est beaucoup plus grave.

N'allez pas dire maintenant : « Oh, je regrette d'être disciple d'une école initiatique, parce que le Ciel sera plus sévère avec moi. » Il ne faut pas regretter, il vaut mieux être instruit, même si on doit le payer plus cher. Même si on doit souffrir, la connaissance est préférable, car un jour ou l'autre elle finit par porter des fruits. Tandis que sans la connaissance, on reste dans les ténèbres. La lumière est toujours préférable.

14 janvier

*L*orsqu'Adam et Ève vivaient dans le jardin d'Éden, ils se nourrissaient des fruits de l'Arbre de la Vie qui leur communiquaient une chaleur bienfaisante. Ensuite, quand ils ont voulu manger des fruits de l'Arbre de la Connaissance du Bien et du Mal, ils sont descendus sur la terre où règne le froid de la séparation, de la mort... et ils s'y trouvent encore. Dans la chaleur du Paradis, ils étaient comme des cellules liées ensemble, ainsi que le sont les atomes animés d'un même mouvement au sein d'une molécule gazeuse. Mais une fois sur la terre, ils ont été saisis par le froid, et quand ils se sont regardés, ils se sont sentis nus, c'est-à-dire séparés.

Tous les malentendus entre les hommes proviennent de cette séparation des consciences. Celui qui est descendu dans le froid de la terre ne peut comprendre le froid de la sagesse.

15 janvier

*U*ne science profonde, insoupçonnée, est contenue dans le symbole du cercle avec le point central. Pourquoi le centre est-il toujours limité à un point, alors que le cercle peut avoir une circonférence infinie ? La circonférence est l'expression de la matière qui absorbe les êtres et les choses. Le centre est le symbole de l'esprit qui rayonne, projette. Au lieu d'amasser et de garder, il donne. C'est pour cette raison qu'il est représenté par un point minuscule. Et le cercle, lui, est grand parce qu'il reçoit les richesses de l'esprit.

Vous direz : « Mais alors, l'esprit perd tout ! » Non, car il vit dans la matière qui a reçu sa richesse, il n'a donc rien perdu. Et cette loi est la même pour tous les êtres qui savent vraiment donner. C'est celui qui donne qui profite, car il vit désormais dans tous ceux qui ont bénéficié de ses dons. Son esprit est en eux. C'est pour cette raison que tous ceux qui s'imaginent avoir profité de quelqu'un, sont en réalité habités par celui qui leur a donné : c'est lui qui se manifeste à travers eux.

16 janvier

*T*ous ceux qui ne travaillent pas sur eux-mêmes pour spiritualiser les cellules de leur organisme sont exposés à de grandes souffrances. Vous direz : « Mais comment faire ce travail ? » D'abord par la nourriture, en puisant en elle les particules qui rendront les cellules plus vivantes, plus souples, plus résistantes. Vous avez pu remarquer que certains êtres qui reçoivent un grand choc retrouvent leur calme quelques instants après, alors que d'autres arrivent difficilement à se rétablir. C'est que la matière psychique de ces derniers n'est pas souple, elle est constituée d'éléments très proches du plan physique.

Le moyen de résister à la vie actuelle, de supporter ses tensions anormales, c'est de mener une vie pure et simple. Et il ne suffit pas, bien sûr, de surveiller sa nourriture et sa façon de manger, mais aussi ses pensées, ses sentiments, ses désirs. En travaillant à les purifier, à les éclairer, vous arriverez peu à peu à acquérir une élasticité, une souplesse qui vous permettra de résister physiquement et psychiquement à tous les chocs.

17 janvier

*L*a prière n'est pas une occupation pour des gens crédules auxquels on a raconté que le Seigneur n'a rien d'autre à faire que de venir les entendre marmotter. La vraie prière est basée sur une science concernant la structure de l'univers et les différents états de la matière. Au-delà de la terre, de l'eau, de l'air et du feu, il existe un grand nombre de régions de plus en plus subtiles, peuplées d'êtres lumineux : anges, archanges... Et de la même façon que nous pouvons puiser dans la terre, l'eau, l'air, la lumière, tout ce qu'il nous faut, dans ces régions aussi nous pouvons puiser tout ce dont nous avons besoin pour notre santé, notre bonheur et notre épanouissement.

Nous devons savoir d'abord que l'univers est hiérarchisé, ensuite qu'au sommet de cette hiérarchie, il y a un Être qui est tout amour et qui a tout distribué afin qu'aucune créature dans l'espace ne manque de rien. C'est à nous maintenant de chercher par la prière à atteindre ces régions, afin d'y prendre tous les éléments que notre cœur et notre âme désirent, et dans les moments d'incertitude et d'angoisse y trouver un refuge.

18 janvier

*V*ous n'obtiendrez des résultats dans le plan spirituel que si vous possédez les qualités et les vertus nécessaires pour soutenir votre action. Vous voulez par exemple porter un talisman parce que vous pensez qu'il vous protégera, qu'il vous gardera dans la voie de la lumière, et vous allez dans une boutique acheter un pentagramme parce que vous avez lu que la figure du pentagramme a tel ou tel pouvoir magique.

Eh bien, détrompez-vous : ce talisman ne vous servira à rien si ce n'est pas vous qui, par votre travail intérieur, l'imprégnez de vibrations pures et harmonieuses. Et en admettant même qu'un grand mage l'ait préparé pour vous, ce talisman ne peut continuer à être efficace et puissant que si c'est vous qui continuez à l'animer, à le nourrir par vos pensées, vos sentiments, votre vie pure ; sinon, au bout de quelque temps il perd ses forces et il meurt. Le pouvoir d'un talisman ne dure pas éternellement, il dépend des qualités de la personne qui le porte.

19 janvier

*O*n parle partout d'organisation, mais c'est toujours d'organisation matérielle. Et dans ce domaine, même si tout n'est pas parfait dans la société, il faut reconnaître qu'on est quand même arrivé à de bons résultats. Mais dans la vie intérieure des humains, quelle pagaille ! Là, ils ne pensent jamais qu'il y a aussi quelque chose à organiser, ils croient qu'il suffit d'étudier un peu le psychisme humain en inventant toutes sortes de termes et de notions compliquées pour décrire ses différents états, ses troubles, ses maladies. Non, cela ne suffit pas.

Pour organiser notre monde intérieur il faut essayer de développer les organes qui permettent d'entrer directement en contact avec les mondes de l'âme et de l'esprit. Car l'âme et l'esprit sont des réalités, ils existent. Tant qu'on les néglige, tout ce que l'on peut dire sur la vie psychique est vide de sens. L'organisation intérieure suppose que l'homme ait une activité convenable pour dégager et développer ses organes subtils, afin d'entrer en contact avec les réalités spirituelles.

20 janvier

*L*a puissance de la pensée est immense, et si vous n'obtenez pas de grands résultats, c'est que vous n'êtes pas fidèle au travail que vous avez entrepris : vous détruisez toujours le bon travail commencé, en vous livrant à une activité tout à fait contraire. Supposez que vous ayez entrepris de travailler sur l'harmonie, harmonie des gestes, des paroles, de tout votre être… Mais vous n'avez pas appris à vous dominer, et voilà les pensées et les désirs chaotiques qui continuent à s'emparer de vous et qui détruisent au fur et à mesure votre bon travail.

Pour obtenir la réalisation de vos désirs spirituels, vous devez travailler d'une façon intelligente, organisée, continue. Il se peut que vous ne réalisiez pas encore de grandes transformations dans cette incarnation, mais vous les obtiendrez dans la suivante. Vous demandez : « Et pourquoi pas dans celle-ci ? » Parce que vous n'avez pas déjà travaillé en ce sens dans une précédente incarnation. Ce n'est pas en quelques mois, en quelques années qu'on arrive à de grandes réalisations spirituelles. Il faut poursuivre ses efforts sur plusieurs incarnations. Si déjà dans le passé vous aviez commencé ce travail, vous pourriez avoir aujourd'hui des résultats. Alors, comprenez au moins que vous devez vous mettre à travailler sérieusement dans cette incarnation pour avoir de bons résultats dans la prochaine.

21 janvier

*I*maginez une sphère : un homme est à l'intérieur et un autre à l'extérieur. Celui qui est à l'intérieur la voit évidemment concave, alors que pour celui qui est à l'extérieur, elle est convexe. Les deux discutent et se chamaillent, impossible de les mettre d'accord. Et maintenant interprétons. Celui qui est dans la sphère, c'est le religieux qui observe la vie du dedans, subjectivement, c'est-à-dire par le cœur, le sentiment. Celui qui est à l'extérieur, c'est le scientifique qui étudie tout du dehors, objectivement, par l'intellect. Entre la religion et la science se poursuit ainsi une lutte séculaire. Qui est dans la vérité ? Toutes les deux, mais chacune à cinquante pour cent.

C'est pourquoi il arrive un troisième observateur qui dit : « La sphère est à la fois concave et convexe. » Les deux autres se fâchent et le traitent d'insensé. Cependant, ce dernier est un sage qui contemple la vérité tout entière. Ce sage, c'est l'intuition, qui a la capacité de réunir la pensée et le sentiment pour voir les choses simultanément du dedans et du dehors. Oui, pour connaître la véritable réalité des choses, il faut pouvoir être à la fois subjectif et objectif, se situer à la fois à l'intérieur et à l'extérieur.

22 janvier

*T*out ce qui est inscrit sur notre corps, notre visage, nos membres a d'abord été formé et préparé dans le cerveau. Il existe une loi terrible, implacable, d'après laquelle chaque mouvement de la pensée ou du sentiment finit par se concrétiser dans le plan physique. Bien sûr, cela ne se fait pas immédiatement ; de nombreux mouvements traversent notre âme où ils s'expriment sous forme de sensations, d'états de conscience, et peu à peu ces états s'inscrivent sur notre corps. Le cerveau recèle toutes nos potentialités, et dans la vie courante, notre visage exprime le capital en action, c'est-à-dire ce que nous sommes en train de vivre. Seuls sont profondément inscrits les mouvements déclenchés depuis déjà longtemps et souvent répétés.

23 janvier

D'après la Science initiatique, l'inspiration n'est rien d'autre qu'un contact avec une force, une intelligence, une entité ou un courant de nature supérieure. C'est ce contact qui nous permet d'exécuter ce dont nous ne sommes pas habituellement capables nous-mêmes. Quelqu'un veut parler, mais il ne trouve pas ses mots, il est embarrassé, il bredouille. Mais voilà que d'un seul coup, quelque chose entre en lui, une lumière, un courant, et il s'y abandonne : il n'a même plus à chercher ses mots, ils coulent de source, au point que tout en parlant, il écoute ce qu'il dit comme s'il écoutait parler quelqu'un d'autre, et il est le premier étonné. Pour l'artiste, il en est de même.

D'où cela vient-il ? Qui est cette présence en lui qui sait où trouver les matériaux, assembler les éléments et les combiner pour créer des formes et des expressions ?... L'homme lui-même n'est pas tellement capable de produire des créations géniales, divines, mais s'il sait se préparer par un travail intérieur de purification, d'élévation, il peut être visité par des âmes évoluées qui l'inspireront.

24 janvier

*L*a vie fraternelle est une richesse, car chacun avec son visage, ses yeux, sa voix, sa pensée, apporte quelque chose de vivant, de chaleureux, dont tous peuvent se nourrir. Si vous saviez comment recevoir ces bénédictions, vous attireriez tellement d'amour de la part de tous que vous vous sentiriez comblé. Qui vous en empêche ? « Mais… ma femme ou mon mari seront jaloux, eux ne me permettront pas de recevoir l'amour de quelqu'un d'autre… » Vous me comprenez mal, il ne s'agit pas de l'amour d'une femme ou d'un homme, mais de l'amour de tous les êtres humains. Que peut-on vous reprocher là ? Il n'y a pas de jalousie à avoir, car chacun recevra cet amour… et votre femme ou votre mari aussi !

Mais les gens ne savent pas vivre : ils s'enterrent dans un petit trou, quelque part, et ils croient que la question est résolue. Non, ils ne savent pas ce qu'est la vraie vie. La vraie vie, c'est la vie fraternelle en communion avec tout l'univers.

25 janvier

Par la méditation, la contemplation, vous pouvez attirer tous les éléments subtils qui sont répandus à profusion dans l'espace. Ils sont à votre disposition, il n'y a pas d'interdictions, pas de limites. Les interdictions et les limites sont en l'homme, parce qu'il n'est ni fort, ni pur, ni intelligent. Mais en réalité tout est là, à sa disposition, à condition qu'il fasse l'effort de l'atteindre. Le Seigneur distribue tout, il n'y a pas plus généreux que Lui. La vie est partout : dans l'eau, dans les arbres, dans les pierres, et surtout dans l'air et dans le soleil, mais l'homme meurt parce qu'il n'a pas su habituer son organisme à prendre cette vie pour se nourrir, se vivifier.

Dieu est juste et grand, Il n'a jamais dit que les richesses devaient être pour les uns et pas pour les autres ; mais si vous ne faites rien pour les acquérir, ce n'est pas le Seigneur qui est responsable. Alors, étudiez, exercez-vous, sinon pendant des incarnations et des incarnations encore, vous resterez toujours aussi pauvre et misérable, tout en continuant d'accuser le Seigneur.

26 janvier

*L*e disciple qui n'a pas confiance en son Maître, qui ne sent pas que toutes les leçons qu'il lui donne sont pour son bien, se ferme par cette attitude le chemin de l'évolution. Bien sûr, ce n'est pas le Maître qui le punira, mais la vie. Car dans le monde spirituel, il existe des barrières que l'on ne peut franchir que sous certaines conditions.

Le disciple demande qu'on lui révèle les lois et les merveilles des régions supérieures, avec les entités lumineuses qui les habitent, leurs fonctions, leur travail. C'est bien, mais comment les habitants de ces régions peuvent-ils se manifester à lui s'il n'en est pas digne ? Pour en être digne, il faut au moins avoir accepté de reconnaître ses lacunes et ses défauts afin de les corriger.

27 janvier

*S*i les hommes et les femmes savaient doser les manifestations de leur amour, ils pourraient s'aimer éternellement. Au lieu de cela, ils commencent dès le début à se bombarder de regards, de sourires, de baisers, etc., et peu de temps après, ils ne s'aiment plus.

Pour garder toute la vie de bonnes relations les uns avec les autres, ils doivent observer la mesure ; sinon, même avec les meilleures personnes du monde, les bonnes relations ne peuvent pas durer. Ils finissent par se séparer parce qu'ils ont abusé : ils ont trop mangé, ils ont une indigestion, et ils se rejettent. Ce sont là des subtilités psychologiques, qu'il est nécessaire de connaître pour sauvegarder une amitié, un amour.

28 janvier

***P**ourquoi les artistes contemporains se sont-ils arrêtés sur des conceptions de l'art auxquelles la majorité des gens ne comprennent rien ? S'ils gardent pour eux seuls le sens de leurs œuvres – et il n'est même pas sûr encore qu'ils le connaissent ! – les gens ne pourront jamais les utiliser pour affiner leur sensibilité et leur compréhension.

Si quelqu'un vous parle un langage incompréhensible, en quoi cela vous sera-t-il utile ? Il existe des groupements spirituels où certains prétendent « parler en langues » sous l'influence du Saint-Esprit. Mais si personne n'y comprend rien, à qui cela profite-t-il ? Même pas à eux ? Alors c'est insensé. Il faut parler un langage clair pour tous. Si vous êtes un artiste et que vous exposiez une œuvre, une peinture, une sculpture, il faut que le monde entier en saisisse le sens et en soit éclairé. Si vous faites une œuvre uniquement pour vous-même, alors ne l'exposez pas ; si vous écrivez un livre uniquement pour vous-même, ne l'éditez pas ; car cela ne rime à rien de s'adresser au public dans un langage qu'il ne comprendra pas.

29 janvier

*L*a majorité des gens sont tellement occupés à chercher ce qui est convenable pour la vie matérielle qu'il ne leur reste plus de temps à consacrer à la vie divine. Et c'est ainsi qu'au fur et à mesure que l'état matériel de l'humanité s'améliore, son état moral et spirituel se détériore. Pourquoi ces maladies, ces déséquilibres, cette criminalité ? Matériellement, en Occident, on n'a jamais été aussi à l'aise, mais d'un autre côté, jamais les gens n'ont été aussi troublés, inquiets, mécontents. C'est parce qu'en donnant la prépondérance à un côté, on laisse fatalement péricliter l'autre.

Que les gens veuillent améliorer la situation, on ne peut pas en douter : leur temps se passe en réunions pour discuter d'améliorations. Mais ces améliorations concernent toujours le plan matériel ; jamais on ne fait de réunions pour permettre aux humains de vivre la vie divine. Et c'est pourquoi, même si les affaires marchent de mieux en mieux – et est-ce que c'est vraiment le cas, d'ailleurs ? – les humains, eux, sont en train de se perdre.

30 janvier

D'où vient cette habitude tellement répandue d'avoir une signature illisible et tarabiscotée ? Ceux qui signent de cette façon ne savent même pas pourquoi ils le font. Eh bien, tout simplement parce que la nature inférieure, toujours occupée à tramer des projets « pas très catholiques », ne veut pas être découverte. Alors elle pousse l'homme à se camoufler, au point qu'on ne peut même pas savoir qui il est, comment il s'appelle.

Ne dites pas qu'une signature est un détail sans importance. Au contraire, elle est très importante, elle représente l'homme lui-même. Une signature doit montrer que tout en nous est clair, droit, franc. Pourquoi embrouiller son nom ? C'est un très mauvais signe. En faisant cela, vous mettez aussi sur vous des forces chaotiques qui vont vous démolir. Comment peut-on prétendre résoudre les problèmes d'une famille, d'une entreprise, d'un pays, quand on ne sait même pas qu'on doit écrire clairement son nom ?

31 janvier

*I*maginez une famille en train de se disputer : le père, la mère, les enfants… Quel spectacle, quelle cacophonie ! Soudain un ami que tous estiment et respectent se présente à la porte. C'est une surprise, on ne l'attendait pas. Aussitôt chacun s'efforce d'être à la hauteur de la situation. « Oh ! comme nous sommes heureux de vous voir ! Mais asseyez-vous donc. Comment allez-vous ? Voulez-vous prendre quelque chose ? »… Et même ils se regardent gentiment pour que l'ami ne s'aperçoive pas qu'ils étaient en pleine tragédie. Vous avez dû faire parfois cette expérience, non ? Alors, pourquoi ne pas en tirer des conclusions pour votre vie intérieure ?

Lorsqu'éclatent en vous-même des discussions, des tumultes, des révolutions, si vous vous mettez à prier avec beaucoup d'ardeur, vous pourrez constater que, d'un seul coup, tout s'apaise et vous retrouvez le calme et la joie. Pourquoi ? Parce qu'il est venu au-dedans de vous un ami, et en sa présence tous les autres habitants de votre for intérieur, craignant de se montrer grossiers, se sont tus. Et si vous priez cet ami avec encore plus d'assiduité et de ferveur pour qu'il ne s'en aille plus, qu'il reste et habite en vous pour toujours, qu'il s'installe au centre de vous-même et n'en bouge plus, à ce moment-là la paix et la lumière régneront éternellement en vous.

1er février

Chaque maladie a pour origine une faiblesse ou un vice dans l'homme lui-même. D'une certaine façon on peut donc dire que ce sont les hommes qui créent les maladies. Quand la nervosité augmente, une maladie apparaît… Quand la sensualité augmente, c'est une autre maladie… Quand la désharmonie augmente, c'est une troisième maladie…

Toutes les maladies sont la conséquence d'un désordre déterminé, et le cancer est la conséquence de l'anarchie. Pour vous prémunir contre lui, la seule méthode est de travailler sur l'harmonie. Pensez chaque jour à l'harmonie, restez toujours conscient, vigilant, afin de ne jamais accepter longtemps en vous un état de désordre ; sinon cet état qui se propage jusque dans les cellules, coupe toutes les communications, tous les courants, jusqu'au moment où l'organisme ne peut plus remédier.

2 février

Combien de disciples se plaignent : « On ne comprend pas : auprès d'un Maître tout devient facile, mais quand on est loin, toutes les complications recommencent. » Eh bien, pourquoi cela ? C'est simple à comprendre. Si les difficultés commencent quand ils sont loin, c'est qu'ils ne devaient pas s'éloigner, ils ne devaient pas abandonner leur Maître.

Le quitter physiquement, évidemment, c'est nécessaire, il faut bien que chacun retourne chez soi. C'est dans la tête que les disciples ne doivent pas abandonner leur Maître. Mais voilà que dans leur tête, d'un seul coup le premier venu prend sa place, le Maître est congédié et, bien sûr, il ne peut plus rien faire. Il n'y a rien d'étonnant à ce que les choses deviennent soudain si difficiles : c'est tout simplement parce que le Maître n'est plus là. Sans s'en rendre compte, le disciple a trouvé quelqu'un ou quelque chose d'autre pour le remplacer.

3 février

*T*out le monde s'intéresse à la question de l'éducation, même les enfants : ils veulent éduquer leur poupée ou leur chien… En réalité personne ne peut éduquer personne. Les discours, les explications, les commandements ne servent à rien. Lorsqu'un Initié vient sur la terre pour aider les humains, il ne cherche pas à les changer, car il respecte leur prédestination, mais par son savoir, ses vertus, son comportement, il anime, vivifie, arrose les bonnes graines, c'est-à-dire les dons et les vertus qui sont là enfouis en eux. Alors, toutes ces graines commencent à croître, à se développer, à fleurir…

L'éducation est la science la plus difficile, car il faut commencer par posséder soi-même les qualités que l'on veut développer chez les autres. Seuls les Initiés, qui ont déjà fait un immense travail sur eux-mêmes, parviennent à éveiller chez les humains les qualités les plus sublimes que le Créateur a déposées en eux.

4 *février*

*T*out ce que vous pouvez faire de bon, que ce soient des actes, des paroles, des sentiments, des pensées, faites-le, et laissez ensuite le temps accomplir son œuvre. Même si vous l'avez oublié, même si vous ne le voulez pas, un jour tout ce bien vous poursuivra pour vous récompenser.

Et j'ajouterai encore ceci : apprenez à faire le bien sans en parler, sans vouloir qu'on sache que c'est vous qui l'avez fait. Ainsi, non seulement vous éprouverez une joie secrète mais vous éveillerez chez les autres quelque chose de bon : ils seront obligés de se demander qui est cet être magnifique qui ne veut pas se montrer, et cela les poussera à agir de même envers d'autres créatures.

5 février

Ce qui empêche les humains d'évoluer, c'est de penser que les difficultés ou les malheurs qui leur arrivent sont le résultat d'une injustice : le destin est injuste et même le Seigneur est injuste, ils mériteraient mieux. Et comment peuvent-ils savoir qu'ils mériteraient mieux ? Ils ne se connaissent pas, ils ne connaissent ni leur passé, ni leur présent… et à plus forte raison leur avenir ! Alors comment peuvent-ils se prononcer ?

Même lorsque dans un procès les juges condamnent un innocent – combien de fois il y a eu dans l'histoire des erreurs judiciaires ! – derrière cette injustice, en réalité, il y a une justice. Cela a même pu arriver avec des saints, des Initiés, des grands Maîtres : certains ont été emprisonnés, brûlés, crucifiés… En apparence, c'était injuste, mais en réalité, non. Ces épreuves étaient justifiées, et ils devaient les accepter soit pour payer une dette, soit pour comprendre certaines vérités qu'ils n'auraient pas comprises sans cela, soit pour devenir forts, puissants, invincibles. Cette pensée d'une injustice divine empêche les humains d'évoluer. Il faut maintenant qu'ils se disent que leurs épreuves sont justes, et ils feront un grand pas en avant.

6 février

« Que ton Nom soit sanctifié », disait Jésus dans la prière dominicale. La sanctification est liée au monde de la pensée. C'est dans nos pensées tout d'abord que nous devons sanctifier le Nom de Dieu. Le nom représente, résume, contient l'entité qui le porte, donc, quand nous prononçons le nom de Dieu, nous L'appelons, nous Lui permettons de s'introduire en nous, nous Le rendons présent.

D'après la Kabbale, le Nom de Dieu est multiple, il est composé de 72 noms dont la connaissance demande une étude très longue et très difficile. Celui qui connaît ces 72 noms est tellement imprégné de la sainteté et de la lumière de Dieu que, rien qu'en les prononçant, il est capable de L'attirer, de Le faire descendre dans chaque chose, de sanctifier tous les objets, toutes les créatures, toutes les existences. Les Initiés ne se contentent pas de demander : « Que ton Nom soit sanctifié ! » mais ils Le sanctifient réellement en eux-mêmes.

7 février

Quand vous voulez faire un feu, vous apportez du bois « mort » comme on dit : ce sont des branches ternes, tordues, sans aucune beauté, mais une fois enflammées, quelle splendeur, quelle lumière ! Grâce au feu, ces branches qui auraient pu rester quelque part abandonnées, inutiles, se transforment en lumière, en chaleur, en énergie.

Vous direz : « Oui, c'est entendu, nous avons vu cela. Mais en quoi ces branches mortes nous concernent-elles ? » Elles vous concernent parce que, symboliquement, elles existent aussi en vous. En vous aussi vous avez accumulé des tas de branches sèches et noires qui n'attendent que d'être brûlées… Toutes les tendances égoïstes, passionnelles, toutes les manifestations de la nature inférieure sont comme du bois mort. Mettez-les au feu, elles produiront, elles aussi, chaleur et lumière.

8 février

Il règne sur les sommets des montagnes des conditions physiques et spirituelles qui les rendent propices à certains travaux, et c'est donc là, sur les sommets, que vous devez monter pour formuler vos désirs et vos projets les plus chers.

Si vous n'avez pas les possibilités d'aller à la montagne, exercez-vous à la visiter et à faire des ascensions par la pensée. Vous pouvez vous concentrer tantôt sur un sommet, tantôt sur un autre : ainsi vous préparez les conditions pour entrer en contact avec les plus grands esprits qui sont descendus sur la terre. Car il existe un lien entre les sommets des montagnes et tous les êtres d'élite venus au cours des âges apporter la lumière aux humains. C'est par les sommets que nous entrons en communication avec eux.

9 février

Il était une fois, dans la Chine ancienne, un sage que sa femme ne cessait de tourmenter par ses récriminations : « Qu'est-ce que tu gagnes avec tes pensées ? Nous avons tout juste de quoi vivre et j'use ma jeunesse dans les soucis du ménage. Je veux de beaux vêtements et des bijoux, je veux me distraire comme les femmes de mon âge. » Fatigué de ces scènes, le sage finit par lui dire : « Eh bien, si tu trouves un homme avec qui tu penses être plus heureuse, quitte-moi, je ne te retiens pas. » Et c'est ce qu'elle finit par faire...

Or, un jour le vieil empereur mourut. Il n'avait pas d'héritier. Après avoir cherché à travers tout le pays un homme digne de lui succéder, on finit par découvrir ce sage, et on le fit empereur. Quand sa femme l'apprit, elle vint le voir et lui dit : « Je comprends maintenant combien j'ai été sotte et légère en ne sachant pas apprécier tes qualités. Mais j'étais jeune, pardonne-moi. Je veux revenir vivre avec toi. » Lui, calme, sans lui faire le moindre reproche, se tournant vers un serviteur, dit : « Apporte-moi une coupe de la liqueur la plus précieuse. » Lorsqu'il eut la coupe, il la vida par terre et dit à sa femme : « Recueille cette liqueur. Si elle est aussi pure qu'avant, j'accepte de te reprendre. » Et la femme pleura, elle savait que ce n'était pas possible.

10 février

*V*ous voudriez un Maître omniscient, tout-puissant, c'est-à-dire quelqu'un qui vous facilite la vie, qui résout tous vos problèmes. Eh bien, détrompez-vous, un Maître n'est pas là pour ça. Un Maître est là pour vous instruire et vous pousser à vous perfectionner. Et plus un Maître est grand, plus son enseignement est exigeant. C'est vrai dans tous les domaines.

Croyez-vous que l'enseignement d'un musicien ou d'un savant de génie serait tellement accessible pour vous ? La vérité, c'est qu'ils refuseraient certainement de vous instruire. Vous direz qu'un Maître spirituel n'est ni un musicien, ni un savant, et que son amour, sa bonté, sa générosité enveloppent toutes les créatures. Oui, c'est vrai, mais cet amour, cette bonté, cette générosité le pousseront à vous stimuler sans cesse sur le chemin du perfectionnement, non à faire pour vous tous les miracles que vous attendez.

11 février

Combien veulent à tout prix se montrer quelqu'un devant les autres ! Et ils s'agitent et ils font des intrigues ; ils gaspillent leur vie seulement à se faire applaudir par la galerie sans penser que dans quelques années tout sera oublié. Le véritable sens de la vie, c'est de travailler avec la lumière, pour la lumière, sans même s'occuper de déplaire aux autres ou de se faire applaudir. Un jour c'est eux qui vous chercheront pour vous manifester leur respect et leur admiration.

Lorsque votre pensée reste liée avec la lumière et l'amour divins, tous ceux qui vous rencontrent trouvent nécessairement le réconfort et la paix auprès de vous. Tandis que si vous abandonnez le Seigneur, vous ne pourrez plus renouveler vos richesses intérieures. Et alors, quand vous serez devenu pauvre et vide, qui aura envie de vous fréquenter ?

12 février

*V*ous êtes au bord de l'océan et avec un petit bâton que vous faites tourner, vous agitez l'eau : peu à peu des brindilles, des morceaux de papier, des bouchons commencent à tourner… Et si vous persévériez, bientôt ce seraient de petits bateaux… de gros bateaux… le monde entier qui se mettrait à tourner aussi. L'océan éthérique dans lequel nous sommes plongés est pareil à l'océan liquide, et par la pensée, à condition de ne jamais nous arrêter, nous pourrions remuer le monde entier. Mais comme on ne s'exerce pas et surtout qu'on n'est pas persévérant, évidemment rien ne se produit.

Tant que vous n'avez pas compris ces quelques règles sur lesquelles est basée la vie spirituelle, vous ne pouvez pas devenir un conducteur du monde divin, un ouvrier dans le champ du Seigneur. Alors, continuez le mouvement jusqu'à ce que toutes les particules soient entraînées toujours dans la même direction pour réaliser le travail lumineux que vous avez entrepris, non seulement sur vous-même, mais sur toutes les créatures de la terre, et plus loin encore dans le cosmos.

13 février

Seul celui qui s'identifie à l'esprit sait qu'il est immortel. Il prend conscience qu'il est une entité libre et lumineuse différente de son corps ; il voyage dans l'espace, il va, il vient, son corps n'est qu'un vêtement, et parfois même un vêtement usé. Comment comprendre les mystères de l'univers si on s'identifie à sa carapace ?... Quel est l'automobiliste qui s'identifie avec la voiture qu'il conduit ? Il ne dit pas : « C'est moi la voiture », car il sait que la voiture ne fait que le transporter. Et quel est le cavalier qui s'identifie avec le cheval qu'il monte ?...

Jésus disait : *« Mon Père et moi nous sommes un. »* Jésus s'identifiait à son père, mais pas à n'importe quel père. « Mon Père », c'est cet Être qui est éternel et tout-puissant. Pourquoi ne pas imiter Jésus et s'identifier au Père céleste, à l'Esprit cosmique ?

14 février

*T*oute la culture contemporaine nous apprend à vieillir le plus rapidement possible. Oh ! pas physiquement, bien sûr, des quantités de produits et de méthodes sont inventés chaque jour pour entretenir la forme physique, garder la ligne, effacer les rides. Mais intérieurement, psychiquement, les garçons et les filles vieillissent de plus en plus tôt. Comme si le sens de la vie était de se montrer méfiant, calculateur, terne, blasé. Et lorsqu'un adulte se manifeste avec simplicité, spontanéité, confiance, on considère qu'il n'est ni sage ni profond.

Eh bien, sachez qu'avec cette philosophie qui tue de plus en plus les bons élans de sa nature, l'homme se détruit. Pour se sauver, il doit garder son cœur d'enfant toujours vivant, aimant, s'intéressant à tout, pardonnant vite, se réjouissant des moindres choses, oubliant rapidement les vexations, les tristesses et les chutes, un cœur constamment disposé à aimer, à embrasser le monde entier, un cœur qui ne se rétrécit pas, qui ne se refroidit pas. Tant que son cœur garde sa chaleur, l'homme ne peut pas vieillir.

15 février

*I*maginez que vous êtes un hypnotiseur, vous donnez un morceau de papier à quelqu'un en lui disant : « Voilà, c'est une rose, sens-la, quel est son parfum ? » et l'autre commence à s'extasier sur le parfum délicieux de cette rose. C'est qu'il est dans un état hypnotique où la pensée se réalise instantanément, non pas dans le plan de la matière, mais dans le plan mental. Il a capté votre pensée, parce que cette pensée, avec les paroles qui l'accompagnent, a déjà formé la rose dans le plan subtil où vous avez réussi à projeter sa conscience, et il respire la rose avec son odorat psychique. En sentant cette rose, il ne se trompe pas.

Par la pensée, tout est possible. C'est pourquoi au lieu de vous lamenter sur ce qui vous manque, essayez de le créer par la pensée. Vous avez besoin de la beauté des fleurs, de la pureté des lacs, du silence de la forêt ? Vous pouvez les créer instantanément par la pensée. Vous direz : « Mais non, il n'y a rien, je ne les touche pas ! » Pour pouvoir les matérialiser, il faut peut-être des siècles, mais dans le plan mental ils existent, et c'est à cette réalité que vous devez vous attacher.

16 février

*L*e 2 est le nombre de la polarisation, c'est le 1 qui est devenu positif et négatif. La vie est fondée sur l'existence des contraires, c'est-à-dire sur le fait que tout est polarisé. C'est cette opposition qui crée le mouvement. Sans oppositions, aucun travail ne serait possible.

Dans le jeu de cartes du Tarot, le nombre 2 est représenté par la Papesse qui tient un livre ouvert sur les genoux. Celui qui sait déchiffrer cet arcane est capable de résoudre dans sa vie le problème du mal. Quand on a compris que l'amour attire la haine, et la lumière les ténèbres, quels que soient les obstacles que l'on rencontre sur son chemin, on continue son travail sans se révolter. On sait qu'on ne peut pas plus lutter contre la nuit, qu'on ne peut lutter contre le jour et l'on apprend comment puiser des forces dans les difficultés et les épreuves pour les transformer en énergies constructives. Car pour résoudre le problème du mal, il faut sortir de la dualité pour retourner dans l'unité, c'est-à-dire savoir utiliser le mal.

17 février

*L*es gens se demandent souvent comment sera la vie sur la terre dans dix ans, cinquante ans, un siècle… Eh bien, ce sont là des préoccupations trop proches et pas tellement importantes. L'essentiel, c'est qu'ils sachent qu'un jour ils brilleront comme le soleil, que leur présence embaumera l'atmosphère, qu'on sentira le parfum de leur âme, et que partout où ils passeront on entendra des symphonies, car toutes leurs cellules chanteront.

Chaque jour, pendant quelques minutes au moins, représentez-vous cet avenir lointain et, d'un seul coup, vous sentirez l'espoir et le courage revenir. C'est la foi dans cet avenir magnifique qui fera de vous un être nouveau. Partout on entend prononcer le mot « nouveau » : une nouvelle philosophie, une nouvelle science, une époque nouvelle, un nouveau type d'homme… Mais comment peut-on s'imaginer que l'on est un homme nouveau tant qu'on reste morose, terne, crispé ?

18 février

Jésus a dit : *« Construisez votre maison sur le roc »*. Ce roc est évidemment un symbole, celui d'un état de conscience fait de sagesse et de stabilité. Dans le plan astral, c'est-à-dire le domaine des sensations, des émotions et des sentiments, vous êtes sans cesse exposé aux changements de conditions : un moment le soleil brille pour vous et vous êtes heureux ; puis arrivent les nuages et voilà la tristesse. Le monde du sentiment est capricieux, instable. Vous aimez, puis vous n'aimez plus…

Il est impossible de se passer du sentiment, c'est entendu, mais au moins que votre abri, votre résidence ne soit pas là. Vous pouvez descendre dans le plan astral* pour vous y promener, l'explorer, étudier les agitations et les bouleversements qui s'y produisent, mais n'habitez pas là. Placez votre demeure beaucoup plus haut dans le plan causal, là où règnent la lumière, la paix, la stabilité.

* Voir note et schéma, p. 390 et p. 391.

19 *février*

L'eau est le symbole de la matière universelle à partir de laquelle l'univers a été créé. Il est dit dans la *Genèse* que Dieu sépara les eaux d'en-bas d'avec les eaux d'en-haut : *« Dieu dit : Qu'il y ait une étendue entre les eaux et qu'elle sépare les eaux d'avec les eaux. Et Dieu fit l'étendue et Il sépara les eaux qui sont au-dessous de l'étendue d'avec les eaux qui sont au-dessus de l'étendue. Et cela fut ainsi, Dieu appela l'étendue ciel. »*

Ces eaux d'en-haut, que la Science initiatique appelle aussi « lumière astrale », « agent magique », représentent l'océan primordial dans lequel toutes les créatures sont plongées et où elles trouvent leur nourriture. On dirait d'ailleurs que c'est pour rappeler ces eaux primordiales que l'enfant qui est encore dans le sein de sa mère est plongé dans un milieu liquide. Nous vivons dans l'immensité cosmique exactement comme les poissons dans la mer ; si nous ne le sentons pas, c'est que des impuretés obstruent nos pores psychiques. C'est pourquoi tout notre travail consiste à libérer les canaux intérieurs afin que nous soyons abreuvés et vivifiés par cette eau spirituelle qui nous enveloppe de toutes parts.

20 février

***P**our que les humains ne se heurtent pas entre eux, il faut qu'ils aient le même idéal et qu'ils cheminent ensemble vers ce point unique situé à l'infini. L'harmonie ne peut régner parmi les humains que si tous s'unissent dans l'idée de servir le Seigneur, d'aplanir ses chemins et de travailler pour la grande famille de la Fraternité Blanche Universelle. Ainsi, tous se comprendront et s'aimeront parce qu'ils auront cet idéal commun, parce qu'ils seront comme les rayons d'un même cercle qui convergent vers le centre. Le cercle est l'image d'un organisme parfait dont la tête est le centre et dont les membres, les organes, sont les rayons qui convergent vers ce centre.

21 février

*L*a plupart des humains ne sont pas tellement disposés à se connaître pour s'améliorer : la lucidité ne les tente pas, ils préfèrent se tromper pour pouvoir garder leurs illusions. Ils se sont déjà formé une opinion tellement extraordinaire d'eux-mêmes, que même un Maître préfère parfois renoncer à leur dire la vérité, car il sait d'avance ce qui l'attend s'il ouvre la bouche. On ne lui répondra jamais : « Vous avez raison », mais : « Non, jamais de la vie, vous vous trompez, je n'ai aucune des faiblesses que vous me dites ». Pour eux, bien sûr, c'est le Maître qui se trompe, eux sont impeccables et ne se trompent jamais ?... Devant des êtres pareils que voulez-vous que fasse le Maître ? Il n'insiste pas, il sait que c'est la vie qui leur donnera des leçons et leur apprendra à se connaître.

22 *février*

Quelqu'un vient me voir et me demande : « Pourquoi je suis malheureux ? Pourquoi je n'ai pas de succès ? » Je lui réponds : « C'est tout simplement que tu n'as pas d'amour. – Comment ? Je n'ai pas d'amour ? – Écoute, si tu avais de l'amour, rien ne te résisterait, car lorsqu'on a de l'amour, on ne reste pas comme ça, inactif sans rien entreprendre. – Mais je suis malade. – Justement, parce que tu n'as pas d'amour. – Mais quel rapport ? – Si tu avais de l'amour pour la santé, la santé serait venue depuis longtemps. Si tu es malade, c'est que tu n'aimes pas vraiment la santé. Voilà la réponse. »

Quand vous aurez de l'amour pour ce qui est bon, pour ce qui est beau, que vous vivrez jour et nuit avec cet amour, aucune force dans l'univers ne pourra vous résister. Parce qu'il n'y a rien au-dessus de l'amour, c'est l'amour qui a créé le monde, et toutes les forces obéissent à l'amour.

23 *février*

L'imitation est une tendance innée chez l'être humain. Seulement voilà, qui veut-on imiter ? Ceux et celles qui ont obtenu la gloire, le succès, la fortune... On ne sait pas qui prendre pour modèle, et surtout on ne sait pas combien cette question du modèle est importante pour la vie psychique.

Vous avez un ami que vous voyez souvent. Eh bien, cette fréquentation ne peut pas rester sans conséquences : même à votre insu, vous recevez quelque chose de ses qualités et de ses défauts. Il en est toujours ainsi, c'est une loi. Alors, pourquoi ne pas vous décider à fréquenter celui qui peut être pour vous l'ami le plus extraordinaire, le soleil ? En vous émerveillant chaque jour de sa beauté, de sa limpidité, de sa puissance, de toute cette vie qui jaillit, vous vous apercevrez peu à peu qu'il se produit des transformations en vous : quelque chose commence à vibrer autrement et vous devenez plus lumineux, plus chaleureux, plus vivant. C'est pourquoi, si vous voulez avoir une influence bénéfique sur les humains, entrez chaque jour en contact avec le soleil pour recevoir de lui quelques rayons, quelques particules que vous répandrez ensuite autour de vous.

24 février

*D*ieu a donné l'inertie à la matière, à l'esprit l'impulsion, et l'homme est placé à la limite des deux : il est extérieurement enveloppé de matière, et intérieurement animé par l'esprit. Il reçoit donc leur double influence : tantôt l'esprit le stimule, et tantôt la matière veut le paralyser, l'engloutir.

C'est pourquoi l'homme doit toujours lutter, et s'il n'est pas intelligent, s'il n'est pas éclairé, il se laisse aller à l'inertie et devient stagnant comme un marécage plein de miasmes où grouillent toutes sortes de bestioles. C'est ce qui arrive à tous ceux chez qui la matière prédomine : ils ne font aucun travail spirituel, divin, et la stagnation s'installe en eux. Le disciple, au contraire, est celui qui ouvre les portes à l'esprit en lui donnant toutes les possibilités de se manifester ; et l'esprit, qui à ce moment-là est roi, commence à tout harmoniser, vivifier et illuminer.

25 février

*L*orsque vous arrivez à vivre quelques minutes dans la paix totale, toutes les forces, toutes les entités en vous qui n'ont pas eu jusque-là l'occasion de se manifester, sont mobilisées et vous pouvez alors disposer d'elles. Tant que vous vivez dans le désordre et dans l'agitation, ces forces restent paralysées.

Un virtuose doit exécuter un morceau, ou un étudiant passer un examen, ou un équilibriste marcher sur une corde : si toutes leurs énergies ne sont pas là, concentrées et en harmonie, le virtuose fera des fausses notes, l'étudiant bafouillera et échouera à son examen, l'équilibriste tombera et se cassera les reins. Car au moment où s'introduit un trouble, une dissonance, toutes les forces intérieures lâchent prise et s'éparpillent, l'homme n'est plus soutenu. Vous avez fait des milliers de fois ce genre d'expérience, mais vous êtes-vous arrêté pour en tirer une conclusion plus vaste qui embrasse toute la vie ?

26 février

*L*a clef, la grande clef, c'est d'être toujours éveillé… même quand vous dormez ! Oui, éveillé. Pourquoi est-il dit : *« Veillez et priez »* ? Même des spiritualistes ne l'ont pas encore compris. Pourquoi être vigilant ? C'est tellement plus agréable de se laisser aller à la paresse, mentale et physique ! Et voilà pourquoi, ensuite, malgré l'univers étalé devant eux, malgré les étoiles et le soleil, malgré tous les livres et tous les grands Maîtres qui sont là pour les instruire, les humains n'avancent pas. Ils dorment, ils ne font que dormir.

Désormais, soyez vigilant, dites-vous : « Je dois veiller à ne pas me surcharger. Que ce soit pour la nourriture, les pensées, les sentiments, je vais choisir les éléments les plus légers, les plus lumineux pour construire mon cerveau, mon cœur, mes poumons. C'est ainsi que je serai toujours actif… même pendant mon sommeil. » Oui, car il y a sommeil et sommeil. Quand on a appris à être vigilant, on reste éveillé même pendant son sommeil. Bien que l'on soit endormi, de l'autre côté on entend, on comprend et on agit.

27 février

***D**ieu a mis dans l'âme des créatures un sentiment d'insatisfaction et de manque qui ne pourra être comblé que le jour où elles parviendront à s'unir à Lui. Tant qu'elles n'auront pas réalisé cette fusion, elles chercheront et feront des expériences, croyant chaque fois arriver à obtenir ce qu'elles désirent ; mais elles se trouveront toujours déçues, toujours désappointées. En réalité, cette déception n'est pas si mauvaise, car c'est elle qui pousse les âmes humaines à aller toujours de l'avant, à chercher et à chercher sans cesse pour se rapprocher du Bien-Aimé.

28 février

*L*es événements qui se produisent sur la terre sont la conséquence d'événements qui se sont d'abord produits en haut, dans les plans subtils. C'est ce qui explique qu'un clairvoyant puisse prédire l'avenir : parce qu'il a vu ces événements déjà annoncés dans le monde invisible. Il faut un certain temps pour qu'ils arrivent jusque dans le plan physique, mais ils arrivent obligatoirement, parce qu'ils sont déjà inscrits en haut. Regardez un serpent : quelle que soit sa longueur, sa queue passe toujours par où sa tête est déjà passée. La tête représente la pensée, et la queue représente les actes. La queue suit la tête. Le monde physique comme la queue, est toujours la suite, c'est-à-dire la concrétisation de ce qui a déjà eu lieu dans le monde subtil.

La conséquence pratique de cette vérité, c'est que celui qui a la patience de nourrir son idéal longtemps, très longtemps, de bonnes pensées et de bons sentiments sans jamais se décourager, arrivera à entraîner la queue, c'est-à-dire à changer ses actes, son comportement, ses instincts, son corps physique.

1er mars

C'est une erreur de croire, comme le font certains penseurs, que seule la matière existe, que tout est matière… Grâce à la connaissance du rôle respectif des deux principes masculin et féminin, il est facile de comprendre qu'en réalité la matière (principe féminin) n'est que le réceptacle de l'esprit (principe masculin). Si l'esprit n'avait pas entassé ses richesses dans la matière comme dans un réservoir, elle n'aurait absolument aucune puissance ; les physiciens auraient beau travailler à la désintégration de l'atome, ils ne produiraient aucune explosion nucléaire.

Par elle-même la matière est inerte, elle ne peut s'exprimer s'il n'y a pas un autre principe, actif, dynamique, l'esprit, qui se manifeste à travers elle. La matière est comparable à un flacon qui contient une quintessence : l'esprit, et qui le retient. L'esprit est très volatil ; il faut donc le garder, l'emprisonner, et la matière, en réalité, n'est rien d'autre qu'une prison qui maintient et retient l'esprit. Tant qu'on ne connaît pas l'existence des deux principes masculin et féminin et la façon dont ils travaillent dans la nature, on forgera des théories erronées.

2 *mars*

*A*u moment de commencer une cérémonie, le mage, l'Initié allume des cierges ou des veilleuses. C'est une tradition qui vient d'une science très ancienne d'après laquelle la présence du feu est indispensable à la réalisation. Dans les églises aussi on a maintenu cette tradition d'allumer des cierges. Car là où le feu participe, il y a des résultats.

Quand vous avez des difficultés intérieures, des chagrins, des tristesses, des découragements, des tentations, écrivez sur un papier votre désir de retrouver le calme, la force, la clarté, allumez une flamme et demandez à l'Ange du feu de bien vouloir brûler tous ces états inférieurs : il vous exaucera. Tant qu'on ne connaît rien de cette science sacrée, toute la vie on traîne, on pleure, on souffre sans pouvoir se libérer. Le feu est là pour nous aider, et il faut penser à se servir de lui pour nos réalisations spirituelles.

3 mars

***L**orsqu'on demande à un sage ce qu'est Dieu, il répond par le silence, car le silence seul peut exprimer l'essence de la Divinité. Oui, dire ce qu'est Dieu ne suffit pas, et dire ce qu'Il n'est pas non plus. Dire que Dieu est amour, sagesse, puissance, justice… c'est vrai, mais ces mots passent à côté de la réalité divine, ils ne saisissent rien de l'infini, de l'éternité, de la perfection de Dieu.

On ne connaît pas Dieu en parlant ou en écoutant parler de Lui, on Le connaît en essayant de pénétrer profondément en soi-même afin d'atteindre cette région qui est justement le silence.

4 mars

*L*es humains sont méchants, malhonnêtes, ingrats, c'est vrai, mais ne perdez jamais votre foi et votre amour sous prétexte que vous avez été déçu, parce que c'est à ce moment-là que vous perdrez vraiment votre bonheur. Continuez donc à croire et à aimer en dépit de tout. Si vous méditez sur cette question en pesant le pour et le contre dans votre balance spirituelle, vous constaterez qu'en cessant d'aimer les humains, vous tarissez la source qui coule en vous, alors ce n'est pas eux que vous punissez, mais vous-même.

Pourquoi interrompre en vous le cours de ce qui doit être éternel, intarissable, sous prétexte qu'il vous est arrivé un jour un petit malheur ? Combien de saints, de prophètes, d'Initiés ont été persécutés, maltraités ! Mais ils ont continué à aimer et à croire. Alors, quel disciple peut se croire digne de recevoir l'Initiation s'il va crier partout qu'il n'aimera plus personne, qu'il n'aura plus confiance en personne sous prétexte qu'il a été quelquefois trompé ou volé ?…

5 mars

*N*otre vie intérieure est soumise aux mêmes alternances que la nature, le jour et la nuit, le flux et le reflux : notre conscience s'éclaire et s'obscurcit, se remplit et se vide. Et puisqu'il en est ainsi, il faut essayer de prendre conscience de l'époque où chacun de ces phénomènes va se produire.

Supposez donc que la période difficile approche, si vous ne le savez pas, vous prenez imprudemment des engagements pour telle ou telle entreprise, mais lorsque le moment vient, vous n'avez plus ni énergie ni inspiration, et vous vous sentez désemparé. Vous auriez pu éviter ces inconvénients si vous aviez su prévoir les jours où vous seriez faible, déprimé. Toutes les erreurs se commettent dans les ténèbres, au moment où la conscience est obscurcie. Apprenez à connaître ces moments-là et restez alors tranquille, ne vous lancez pas dans de nouvelles entreprises.

6 mars

Quand les parents ont donné un ordre à leur enfant, ils doivent exiger qu'il obéisse, sinon l'enfant s'apercevra que ses parents n'ont ni volonté, ni fermeté, et cette image qu'il aura d'eux nuira à son bon développement. Évidemment, il y a des cas où cette intransigeance peut être nocive. Supposons que ce que l'enfant demande soit de nature spirituelle, et que ses parents l'empêchent de réaliser cet idéal parce que cela dépasse trop leur niveau de compréhension : s'ils se montrent inflexibles, ils peuvent lui faire beaucoup de mal.

C'est pourquoi, avant de se prononcer, un père, une mère doivent bien mesurer les conséquences de leurs exigences et se poser la question : « Est-ce que je lui demande là quelque chose de bon, de juste, de divin ? Est-ce que son âme le souhaite, le désire profondément, ou est-ce que ce sera mauvais pour son évolution ? » Ce n'est qu'après s'être bien renseignés, avoir vu et compris clairement ce qui sera bon pour l'enfant, que les parents peuvent donner un ordre, une permission ou refuser de façon catégorique, irrévocable, et à ce moment-là l'enfant devra s'incliner.

7 mars

*D*epuis que les artistes ont perdu l'habitude de se lier intérieurement au monde divin, ils n'ont plus donné des œuvres sublimes. Étudiez la peinture, la sculpture, la danse, la musique, la poésie actuelles, elles ne contiennent plus cet élément d'éternité qui donne un tel prix aux œuvres du passé. C'est pourquoi, lorsque le véritable enseignement viendra, il balaiera toutes ces créations, livres, tableaux, statues dont nul ne se souviendra plus.

Pour que les artistes soient de véritables créateurs, ils doivent, avant de se mettre au travail, se recueillir, méditer, et demander la bénédiction du Ciel, car seul le Ciel peut leur apporter cette lumière qui éclaire l'imagination. S'ils agissent ainsi, ils recevront la révélation de la vraie beauté et la possibilité de l'exprimer et de la transmettre. Si, lorsqu'il est inspiré, l'homme peut accomplir des chefs-d'œuvre, c'est parce que tout travaille en lui d'après cette lumière spirituelle qu'il a reçue. Il ne peut rien produire d'immortel en dehors de l'esprit.

8 mars

Conservez et protégez votre vie, car rien ne peut, comme valeur, se comparer à la vie. Évidemment, il y a des cas où des hommes donnent leur vie pour sauver les autres, pour défendre certaines idées. Oui, dans ces cas seulement on a le droit de sacrifier sa vie : les prophètes, les Initiés qui ont perdu leur vie pour une idée, pour la gloire de Dieu n'ont rien perdu en réalité, car ensuite, ils ont reçu une vie nouvelle encore plus riche, encore plus belle parce qu'ils s'étaient sacrifiés pour le bien.

Mais en dehors de ces cas, le disciple doit garder, préserver, purifier et intensifier sa vie, car elle est la source, le réservoir, le point de départ de tous les autres développements : intellectuel, affectif, esthétique, etc. Au commencement, il y a la vie, et c'est ensuite que viennent la sagesse, l'amour, la beauté, etc., comme autant de rameaux sur l'arbre primordial de la vie.

9 mars

*L*e monde visible est construit sur le modèle du monde invisible, et si au marché il faut payer pour avoir des choux et des carottes, c'est que dans le monde invisible aussi, tout est basé sur la loi de l'échange. Dans le monde invisible aucune âme ne peut recevoir quelque chose d'une autre âme sans lui donner en échange une joie, un regard, un rayon…

Mais combien d'êtres humains n'ont pas encore appris ces échanges invisibles ! Ils prennent la lumière du soleil, sa chaleur et ils ne lui donnent rien d'eux-mêmes en retour. Ils prennent aussi beaucoup de choses à la terre, mais à elle non plus ils ne donnent rien. Ce n'est pas juste. Vous direz : « Mais comment pouvons-nous donner quelque chose au soleil, à la terre ? » D'abord, vous devez cesser de considérer que le soleil, les étoiles et les planètes ne sont que des corps matériels privés d'intelligence et de sensibilité, et puisqu'ils sont intelligents et sensibles, vous devez penser à eux avec respect, amour et reconnaissance ; ils ne demandent rien d'autre de vous.

10 mars

Quand l'homme réussit à trouver la place qui est vraiment la sienne, il est heureux. Chacun le sait, oui, mais tous ne savent pas quelle est leur place. « La place », c'est un mot qui a plusieurs significations : élément, pays, maison, métier, rôle, idéal…

On voit souvent des gens aller à droite et à gauche sans jamais se fixer nulle part : ils ne sont pas arrivés à trouver leur place, ils n'ont pas de racines et ils sont malheureux. Il faut que quelqu'un vienne les placer dans un sol fertile où ils commenceront à germer. Jusque-là ils sont semblables au grain qui attend dans un grenier le moment d'être semé. Lorsque le grain est mis dans une bonne terre, il pousse et il donne des fruits, il dit : « Ça y est, j'ai trouvé ma place ». Cette place n'est pas le grenier où il est menacé de moisir ou d'être grignoté par les souris. Donc, ce qu'il faut désormais à tous, c'est d'être semés, plantés.

11 mars

*T*ant que les hommes feront passer leur intérêt personnel avant celui de la collectivité, il n'y aura pas de solution à leurs problèmes. Et quand je dis « l'intérêt de la collectivité », il ne s'agit pas seulement de la collectivité des êtres humains, mais de l'univers tout entier dont ils veulent toujours se servir pour leur seule satisfaction. Regardez comment ils exploitent les animaux, les arbres, les montagnes, la mer… Et si jamais ils ont un jour des moyens techniques suffisants, vous verrez ce qu'ils vont faire avec le soleil, la lune ou les autres planètes ! Tout ce qui existe est utilisé comme moyen en vue d'un seul but : la satisfaction matérielle de l'homme.

Alors, voilà maintenant ce qu'il faut changer : il faut intervertir le but et les moyens. Avoir pour but la fraternité universelle, l'harmonie universelle, et utiliser dans ce but tous les moyens que nous possédons : toutes nos qualités, nos facultés, nos forces et nos énergies. Ce n'est qu'à cette condition que les problèmes de l'humanité seront résolus.

12 mars

*L*e disciple doit trouver un juste équilibre entre l'orgueil et une humilité exagérée. Il n'est pas bon, sous prétexte d'humilité, qu'il s'efface complètement car il finira par devenir abruti et stupide. Mais être trop convaincu de sa supériorité sous prétexte qu'il suit un enseignement spirituel n'est pas préconisé non plus, car là il deviendra ridicule.

Ce qui est le plus difficile, c'est la mesure. Très peu de disciples, même dans les Écoles initiatiques du passé, ont su éviter de sombrer dans l'orgueil ou dans une humilité exagérée… qui n'est souvent que de l'orgueil camouflé ! Prenez donc garde de ne pas tomber dans les mêmes erreurs. Il faut savoir être vêtu comme un roi tout en restant humble comme un serviteur.

13 mars

*E*n créant en lui-même une image qui embrasse toutes les perfections, en la nourrissant, en la renforçant, peu à peu le disciple devient une autre créature, car cette image qui pénètre en lui le transforme. Et une fois qu'il a réussi à créer en lui cette image divine, partout où il va, cette image influence bénéfiquement les créatures, même les animaux, les plantes et les pierres, toute la nature, parce qu'il sort de lui des rayons, des forces, des vibrations qui agissent favorablement, apportant l'ordre, l'équilibre, l'harmonie.

Combien de gens désirent qu'on les aime et font tout ce qui est possible pour y arriver ! Mais malheureusement, ils ne font ces efforts qu'extérieurement. Pour être aimé il faut changer ses vibrations, les rendre plus douces, plus paisibles, plus harmonieuses, et cela n'est possible que si l'on a créé en soi-même une image divine, un haut idéal.

14 mars

De la même façon que vous participez à la vie de votre famille, de votre ville, de votre pays, vous devez apprendre à participer à la vie cosmique. Pourquoi s'imaginer qu'il faut être un astronaute et avoir des fusées pour voyager et travailler dans le cosmos ? La terre voyage à travers l'espace éthérique, entraînée par le soleil, et nous sommes donc sur la terre comme dans un aéronef qui poursuit sa course parmi les étoiles. C'est cela qui fait de nous des citoyens cosmiques capables de participer consciemment, lumineusement, à la vie universelle.

Il est temps d'abandonner ces notions limitées qui nous sont transmises par l'éducation, la société, pour embrasser des conceptions plus vastes, plus larges, plus grandioses : participer dans ce travail cosmique de lumière sous l'égide du Christ.

15 mars

On rencontre certaines personnes très sensibles, très médiumniques qui sont dans un état déplorable parce qu'elles n'ont aucun moyen de se défendre contre les entités astrales. C'est bien d'être sensible au monde invisible mais à condition d'avoir d'abord exercé son discernement et sa volonté, car pour entrer en contact avec le monde invisible on doit s'abandonner à l'influence des esprits. Mais les esprits, il y en a de toutes sortes qui, lorsqu'ils voient les humains sans défense, en profitent pour les tromper, se servir d'eux et prendre leurs forces. Alors, au bout de quelques années, les pauvres, ils sont complètement désaxés.

Avant de se lancer dans certaines expériences, il faut savoir quels sont les risques et être capable de les affronter. Il ne suffit pas d'être attiré comme ça par certains aspects des sciences occultes, tous les véritables Maîtres vous le diront. Mais le jour où ils verront que vous êtes prêt, c'est eux-mêmes qui feront tomber le voile, et alors tout ce que vous vouliez voir et connaître sera là, accessible.

16 mars

*T*ous les humains traînent avec eux leur lointain passé d'animaux : la ruse des uns, la brutalité, la cruauté, la voracité ou la sensualité des autres… Évidemment, cette nature animale est puissante : elle a eu des millénaires pour se fortifier et s'exercer parce qu'elle a vécu dans des conditions très difficiles. Regardez toutes les difficultés que les animaux doivent affronter pour survivre, trouver leur nourriture, se procurer un abri, le conserver et se protéger des autres animaux… Comment voulez-vous qu'après avoir vécu dans de pareilles conditions, notre nature instinctive soit maintenant douce, bonne, clémente ?

Mais ce qu'il faut savoir aussi, c'est qu'elle ne représente pas la dernière étape du développement. La question maintenant, c'est de travailler sur nos qualités psychiques et spirituelles, afin de tenir tête à toutes ces tendances instinctives. C'est cela le problème que nous avons tous à résoudre.

17 mars

*L*es humains ont une tendance déplorable à confondre les buts et les moyens. Ils savent qu'il y a toujours un but à atteindre et des moyens pour y parvenir. Mais ce qu'ils n'ont pas vu, c'est qu'ils sont en train de prendre comme moyens toutes leurs facultés les plus élevées pour atteindre le but le plus terre à terre. Pour satisfaire leurs appétits les plus inférieurs ils sacrifieront ce qui existe de meilleur en eux : leur intelligence, leur intégrité, leur pureté. Et même le Seigneur doit être là pour les aider dans leurs trafics et leurs folies. Et croyez-vous qu'ils se sont aperçus de cette situation ? Pensez-vous !

Ils n'ont jamais pris le temps de se demander : « Mais que cherchons-nous ?... et quels moyens employons-nous pour l'obtenir ? » Eh non, il faut un Maître pour le leur dire : « Mais regarde, mon vieux, quel est ton but ! »

18 mars

*E*fforcez-vous d'aller toujours plus loin dans la conscience et l'exploration de vos possibilités. Le Ciel ne vous laisse jamais sans vous tendre la main, sans vous montrer le chemin, sans vous présenter de nouvelles mines à exploiter, de nouvelles richesses à puiser.

Il est temps de vous mettre au travail, car tout ce que vous aurez acquis dans votre âme et votre esprit comme connaissances, comme vertus, vous l'emmènerez un jour avec vous dans l'autre monde et vous le ramènerez aussi lorsque vous reviendrez vous incarner. Oui, c'est votre for intérieur que vous devez maintenant chercher à explorer, à exploiter, car vous y trouverez les éléments les plus précieux pour votre épanouissement et votre élévation.

19 mars

Quand vous aimez quelqu'un, est-ce que vous vous demandez comment vous l'aimez ? Non, vous dites : « Je l'aime, je l'aime... » Ça, c'est sûr que vous l'aimez, personne n'en doute, mais posez-vous quelques questions sur la nature de cet amour. Les humains appellent amour chaque convoitise, désir, besoin ou appétit. Du moment que le sentiment est là, il faut lui céder. Et même le raisonnement est interdit : l'intellect se tait. Devant le cœur qui est occupé à aimer, l'intellect n'a pas voix au chapitre, le cœur lui dit : « Tais-toi ! Je parle, l'amour parle, qu'est-ce que tu as à dire, toi ? » En réalité si le cœur et l'intellect travaillaient en collaboration, l'amour se manifesterait sous des formes et des couleurs plus belles.

Moins un être est évolué, plus il cède devant l'insistance de son amour sans analyser s'il est désintéressé, pur ou utile. Du moment qu'il aime, il n'y a pas à réfléchir ; voilà pourquoi il y a tellement de romans, de pièces de théâtre et de films pour raconter les aventures souvent désastreuses de ceux qui aiment !

20 mars

Il faut voir comment la nature travaille. C'est elle qui, à un certain moment, pousse les animaux et les humains à avoir tel ou tel comportement et, quelque temps après, c'est encore elle qui les pousse à abandonner ce comportement pour un autre, parce que l'époque est différente.

Prenons l'exemple de la peur. La peur est un réflexe que la nature inspire à tous les animaux pour assurer leur conservation. Heureusement que les animaux ont peur, c'est ainsi qu'ils échappent au danger. Et il en est de même de l'homme… Mais pour parvenir à un degré supérieur de l'évolution, l'homme doit se débarrasser de cet instinct de peur, qui est de toutes sortes : peur des autres, peur de la misère, de la maladie, de la mort… Si, dans un état antérieur de l'évolution, la peur était nécessaire à l'homme pour se protéger, elle est maintenant préjudiciable à son avancement spirituel, et il ne peut vaincre cette peur que par l'amour.

21 mars

*L*e silence, la paix, l'harmonie sont l'expression d'une même réalité. Ne pensez pas que le silence est vide et muet, non, le silence est vivant, vibrant, et il parle, il chante. Mais nous ne l'entendons que lorsque les grosses caisses s'arrêtent de battre en nous.

Grâce à la contemplation, la prière, la méditation, nous parviendrons un jour à entendre la voix du silence. Lorsque toutes les forces chaotiques se seront enfin apaisées, le silence s'approchera, se répandra, nous enveloppera de son manteau merveilleux. Une clarté se fera en nous et nous sentirons soudain que quelque chose de très puissant règne au-dessus de nous et nous gouverne : ce silence dont l'univers est sorti et dans lequel il retournera un jour.

22 mars

*P*ourquoi allons-nous le matin contempler le soleil qui se lève ? Parce que c'est un exercice qui nous permet de trouver notre propre centre. Le soleil est le centre d'un système qu'il soutient, organise et vivifie. Si le mouvement des planètes autour du soleil est considéré comme l'image même de l'harmonie universelle, c'est justement parce que les planètes tournent autour d'un centre qui maintient l'équilibre.

Si le soleil disparaissait de la place qui est la sienne, ce serait le chaos. Il en est de même pour nous : tant que nous n'avons pas un centre qui maintient, qui équilibre et coordonne les mouvements de la périphérie, nous ne pouvons pas avoir une vie et une activité harmonieuses, constructives.

23 mars

***L**a pensée nous permet de comprendre mais elle nous permet aussi d'agir, car elle est quelque chose de plus qu'une simple faculté ayant pour but la connaissance, elle est la clé de tout, c'est la baguette magique, l'instrument de la toute-puissance.

Donc, lorsque vous avez réussi à dégager votre pensée de tout ce qui est susceptible de l'entraver et que vous la tenez bien sous votre contrôle, vous pouvez l'orienter dans la direction que vous désirez pour qu'elle fasse un travail : régulariser, harmoniser les particules et les courants en vous et dans le monde entier. Vous donnez des ordres, vous vous concentrez sur une idée, ou sur une image, vous la maintenez, et c'est elle qui va travailler, trouver de nouveaux matériaux et les organiser.

24 mars

*B*eaucoup de personnes décident d'embrasser un enseignement spirituel parce qu'elles sentent qu'il y a quelque chose à changer dans leur vie, mais elles portent leurs vieilles habitudes tellement bien incrustées en elles qu'elles n'acceptent pas les vérités de cet enseignement : ces vérités ne correspondent pas à ce qu'elles pensent, à ce qui leur convient et elles les rejettent. Alors, à quoi cela sert-il ?

Vous devez entrer dans une École initiatique comme si vous étiez un récipient vide, en rejetant toutes les théories et opinions erronées que vous vous êtes formées ou que vous ont léguées des humains qui n'étaient pas éclairés. Si vous allez dans une École initiatique en vous conduisant comme une bouteille pleine, quoi que fasse votre instructeur et quel que soit son désir de déverser en vous le Ciel, il ne pourra pas, cela n'entrera pas.

25 mars

*J*ésus disait : « *Mon Père céleste travaille et moi je travaille avec Lui.* » Mais Jésus doit-il être le seul à travailler avec son Père céleste ? Non. Vous aussi vous pouvez participer à ce travail pour que le Royaume de Dieu se réalise sur la terre. Que cette réalisation soit proche ou lointaine, cela ne doit pas tellement compter pour vous. Ce qui doit compter, c'est que du moment que vous participez à ce travail gigantesque, noble, divin, que vous mettez là toutes vos forces et vos énergies, vous êtes en train de vous rapprocher de la Divinité.

Il est très important de savoir dans quel but on travaille, où on place ses énergies. Ceux qui participent à des entreprises malhonnêtes, s'imprègnent sans le savoir des impuretés qu'ils remuent, et finissent par se détruire. Alors que ceux qui participent à une entreprise généreuse, céleste ajoutent chaque jour à leurs corps subtils des particules de lumière. En travaillant pour le Royaume de Dieu c'est en eux qu'ils commencent à l'installer.

26 mars

*D*e plus en plus on voit des gens qui, parce qu'ils ont lu quelques bouquins ésotériques, se croient capables de jouer le rôle de Maître spirituel. Et les autres, qui sont naïfs, au lieu de les étudier un peu pour voir vraiment comment ils sont, comment ils se conduisent, vont les suivre les yeux fermés. Ils ne se demandent pas d'où ils viennent, comment ils ont vécu jusque-là, qui était leur Maître, qui les a envoyés… Ah, non, non, il est inutile de se poser la question.

Il suffit que quelqu'un leur joue un peu la comédie et leur raconte que dans trois jours ils seront initiés – moyennant une somme importante, bien sûr – ils le croient. Ils sont pressés, vous comprenez, l'Initiation ne doit pas durer plus de trois jours, et c'est pourquoi le premier charlatan ou escroc qui veut profiter de leur crédulité est le bienvenu : il leur donnera l'Initiation ! Eh bien, qu'ils ne se plaignent pas ensuite d'avoir été trompés !

27 mars

*V*ous pouvez modifier votre caractère mais pas votre tempérament. Si vous êtes né avec tel ou tel tempérament, cela vient de vos vies antérieures : dans le passé, par vos pensées, vos sentiments et vos actes vous vous êtes lié à certaines forces qui déterminent maintenant votre subconscient, c'est-à-dire votre tempérament ; et là vous ne pouvez pas changer grand-chose. C'est comme le système osseux ou le système musculaire, là non plus vous ne pouvez rien changer : vous ne pouvez ni élargir votre crâne, ni allonger votre nez, ni redresser votre menton s'il est fuyant. Ces éléments constituent aussi le tempérament, et bien que dans la nature tout se transforme ou puisse se modifier par la toute-puissance de la pensée et de la volonté, ces changements sont cependant si lents et si imperceptibles qu'on peut considérer qu'ils sont inexistants.

Mais votre caractère dépend de vous : par vos efforts, par votre orientation spirituelle, vous pouvez le modifier, l'améliorer, le façonner, c'est justement le travail de tous dans un enseignement initiatique.

28 mars

Comme la plupart des gens, vous avez la mauvaise habitude de vous souvenir surtout de ce qui vous a fait souffrir, vous le portez, vous le regardez, vous le ruminez. C'est très dangereux, il ne faut pas retourner vers ce qui a été mauvais. Il faut une fois pour toutes en tirer une conclusion et ne plus y revenir.

Vous vous faites du mal en revenant continuellement sur des états ou des événements négatifs. Essayez plutôt de vous rappeler les moments les plus lumineux de votre existence, étudiez par qui et comment ils sont arrivés, faites-les revenir souvent dans votre mémoire exactement comme vous rejouez souvent une musique que vous aimez, et vous revivrez de nouveau les mêmes sensations de pureté, de liberté, de lumière.

29 mars

*L*e christianisme a mis l'accent sur l'aspect douloureux et tragique de la croix, sur son aspect de mort, en l'associant essentiellement à la mort de Jésus. En réalité il faut voir dans la croix une signification beaucoup plus vaste : celle de la matière dans laquelle l'esprit descend pour la vivifier. Bien sûr, il arrive que l'esprit s'engouffre dans la matière et s'y endorme ; s'il n'a pas les forces suffisantes pour l'animer, cette union devient le tombeau de l'esprit, et c'est malheureusement ce qui se produit avec une quantité de gens qui laissent l'esprit s'enterrer en eux. La matière est la croix sur laquelle l'esprit ne cesse de se sacrifier, mais ce sacrifice n'a sa raison d'être que si la matière se transforme et devient plus vivante, plus pure.

30 mars

*L*es sciences occultes présentent aux gens toutes sortes de méthodes pour obtenir la réalisation de leurs désirs, mais sans expliquer ce qui leur arrivera si ces désirs sont trop personnels et égoïstes, s'ils transgressent les lois de la nature, s'ils vont contre l'ordre divin. On dit seulement : « Faites ceci… faites cela… » et souvent ceux qui le font se cassent la tête. Voilà pourquoi ces méthodes ne sont bénéfiques et valables que si vos désirs sont divins, s'ils ne sont pas uniquement bons pour vous mais aussi pour le monde entier.

Car il faut que vous le sachiez : tout se réalise et c'est là le danger. Vous direz que vous ne voyez pas ce danger. Mais justement, qui dit que si vos désirs se réalisent vous n'allez pas souffrir parce que vous n'avez pas su prévoir les complications qui vont en résulter ? Celui qui n'a pas étudié les rapports entre ses désirs et les lois de la nature et de la vie, qui ne s'est pas demandé ce que ces désirs donneront en se réalisant, s'expose à de grandes désillusions.

31 mars

Par ses pensées et ses sentiments, l'homme se lie aux entités, aux courants et aux éléments de l'espace qui correspondent à ces pensées et ces sentiments, et il finit par les attirer. C'est ainsi que s'expliquent la santé et la maladie, la force et la faiblesse, l'intelligence et l'aveuglement, la beauté et la laideur, etc. Ce sont des éléments que l'homme lui-même a attirés. Donc, si vous rencontrez de grandes difficultés dans cette existence, c'est parce que, dans le passé, vous avez par votre ignorance attiré des éléments négatifs.

Mais maintenant, grâce à cette philosophie initiatique qui vous apprend à travailler sur vos pensées et vos sentiments, vous pouvez vous lier aux entités et aux régions les plus pures et lumineuses pour vous reconstruire avec toutes les qualités que vous désirez : la beauté, la force, l'intelligence... C'est cela le secret de la résurrection.

1er avril

*P*ourquoi règne-t-il cet ordre, cette harmonie dans le cosmos ? Tout simplement parce que le soleil est là, au centre, et qu'il y reste. Les planètes qui tournent autour de lui aimeraient bien l'attirer à elles pour le caresser, l'embrasser, et elles lui adressent de douces paroles. Mais le soleil ne se laisse pas persuader. « Non, non, dit-il, si je me déplace, l'ordre cosmique tout entier sera perturbé. Je dois rester au centre et c'est vous qui devez tourner autour de moi. Ce n'est qu'à cette condition que je peux continuer à envoyer la lumière, la chaleur et la vie à tout l'univers. »

Comme le soleil, un vrai Maître doit rester au centre, il ne doit jamais se déplacer pour faire plaisir à un disciple qui veut l'attirer à lui, et lui faire abandonner tous les autres. Car le rôle d'un Maître est de donner ses pensées, ses sentiments, sa science, sa vie même, mais il doit le faire en restant au centre, comme le soleil. Il faut apprendre à lire le livre de la nature vivante.

2 avril

*T*out ce que vous souhaitez, tout ce que vous imaginez est déjà réalisé dans le plan subtil, et si vous persistez dans vos désirs, ces réalisations qui n'existent encore que dans le monde invisible, vont de plus en plus descendre dans le plan physique ; et alors, que ce soit pour le bien ou pour le mal, vos souhaits se réaliseront, rien ne pourra s'opposer à leur matérialisation. Tout n'est qu'une question d'obstination et de patience.

Certains diront : « Mais il est impossible que ce que l'on souhaite soit déjà réalisé ! » Si, quand vous priez pour recevoir les qualités de votre Père et de votre Mère célestes, même si vous pensez ensuite : « Rien à faire, on ne m'a pas écouté, on ne m'a pas exaucé... » en réalité des êtres merveilleux sont déjà là en train de se faufiler et de s'installer en vous ; seulement vous ne les sentez pas et vous ne vous réjouissez pas de leur présence. Vous devez continuer à prier, vous devez patienter, et un jour tout ce que vous avez souhaité se réalisera.

3 avril

Il faut savoir passer du domaine de l'intellect à celui du cœur, équilibrer le courant froid qui souffle dans la région de la sagesse par le courant chaud de l'amour. La vérité est dans cet équilibre. S'il n'est pas tempéré par la sagesse, l'amour mène à la sensualité ; mais la sagesse seule, sans amour, nous conduit à la froideur, au mépris, à la cruauté. Donc le froid de la sagesse doit équilibrer la chaleur de l'amour, et la chaleur de l'amour doit modérer le froid de la sagesse. La vie trouvera dans ce climat tempéré les meilleures conditions.

Pour que le grain de blé se développe normalement, il a besoin de chaleur, mais pas trop, et de froid, mais pas trop non plus. Il y a une température favorable pour toutes les graines, et pourquoi pas aussi pour cette graine qu'est l'homme ? Pourquoi ferait-il exception ?

4 avril

Il est dans la vocation de la femme d'éduquer l'homme ; par ses pensées, son attitude, ses regards, elle doit l'entraîner à accomplir les actes les plus nobles et les plus généreux. L'homme ne demande qu'à être exalté, inspiré par la femme, c'est pourquoi tant que les femmes n'ont pas cet idéal, qu'elles ne pensent aux hommes que pour satisfaire leurs désirs, leurs plaisirs, elles resteront à côté de leur véritable vocation.

La femme a pour vocation d'être l'éducatrice de l'homme. Vous direz : « Mais elle est tellement plus faible et délicate que lui ! Comment peut-elle s'opposer à lui ? » Pour l'influencer il n'est pas nécessaire qu'elle s'oppose à lui. Et elle peut aussi l'éduquer d'une autre façon : en éduquant ses fils, et ces fils toute leur vie respecteront les femmes à cause de leur mère. Oui, par l'influence quotidienne qu'elles peuvent avoir sur leurs très jeunes enfants, les mères ont les moyens de créer des caractères droits, nobles, généreux, des saints, des héros.

5 avril

*L*a graine n'est rien d'autre qu'un être vivant qui ne cesse de faire appel aux forces et aux matériaux du cosmos pour pouvoir accomplir sa tâche. Et sa tâche, c'est de ressembler à son père, l'arbre qui l'a produite. Le Créateur a mis dans chaque graine cette vocation de ressembler à son père, l'arbre. C'est pourquoi, une fois plantée, à moins qu'elle ne soit défectueuse, tout son travail ira dans le sens de cette vocation : elle prendra parmi les éléments qui l'entourent ceux qui lui conviennent, et rejettera les autres. C'est ainsi qu'elle arrivera à exprimer toutes les tendances indiquées dans le schéma qu'elle porte en elle.

Il en est de même pour l'homme. Puisque l'homme a été créé à l'image de Dieu, c'est qu'il a la possibilité, en se développant correctement, de devenir comme son Père céleste.

6 avril

***L**a lumière est cette matière que Dieu, le Feu primordial, a émané de Lui à l'origine du monde quand Il a dit : « *Que la lumière soit !* » Cette lumière, c'est le Verbe qui est mentionné au début de l'Évangile de saint Jean : *« Au commencement était le Verbe et le Verbe était avec Dieu et le Verbe était Dieu. Tout ce qui a été fait a été fait par Lui... »*

La lumière, c'est le Verbe que le Créateur a proféré et par lequel Il a créé le monde. Le monde physique tel que nous le connaissons n'est qu'une condensation de la lumière primordiale. Dieu, le principe actif, a projeté la lumière, et c'est sur cette lumière, qui était déjà une matière, qu'Il a travaillé pour créer l'univers.

7 avril

*M*ême quand ils veulent s'engager dans la spiritualité, les humains sont déformés par cette habitude, tellement répandue à notre époque, d'accumuler des connaissances, de vouloir s'informer de ceci, puis de cela, de toucher à tout, d'être au courant de tout, sans jamais faire un travail sur eux-mêmes. Bien sûr, c'est grâce à cette curiosité que l'humanité est arrivée à faire de gigantesques progrès dans beaucoup de domaines. Mais pour la vie spirituelle, c'est une attitude très pernicieuse.

Pour faire un véritable travail spirituel on doit s'en tenir à une philosophie, à un système, et l'approfondir. Sinon, il se passe avec l'organisme psychique ce qui se passe avec l'organisme physique : si vous absorbez toutes sortes d'aliments hétéroclites, vous êtes malade, vous vomissez ; de la même façon l'estomac psychique peut avoir une indigestion de tout ce que vous voulez lui faire ingurgiter.

8 avril

*M*ême si la plupart des gens savent très bien au fond d'eux-mêmes que l'argent ne leur apportera pas le bonheur, ils ont aussi conscience qu'il leur permet de satisfaire certains de leurs désirs. Et comme ils ont beaucoup de désirs, ils ont évidemment besoin de beaucoup d'argent. Seulement voilà, ces désirs que l'on peut satisfaire avec l'argent ne sont, la plupart du temps, ni très désintéressés, ni très élevés…

Alors, attention, demandez-vous toujours pourquoi vous voulez de l'argent, et à quoi vous avez l'intention de l'utiliser. Oui, c'est là que vous devez vous surveiller. Car l'argent est le moyen le plus puissant pour satisfaire votre nature inférieure. Votre être divin, lui, n'a pas besoin d'argent : il a besoin de lumière, d'amour, d'infini, d'éternité, et cela, ce n'est pas l'argent qui peut le lui fournir.

9 avril

Oubliez un peu tout ce qui vous manque. Quand on a la possibilité d'embrasser l'univers entier par la pensée, de communier avec toutes les entités lumineuses qui le peuplent, comment se sentir seul, démuni ou humilié ? Que vous faut-il encore pour comprendre que vous êtes riche, comblé, et que vous pouvez aider les autres ?

Apprenez à être généreux, donnez vos richesses et même vos richesses matérielles, si vous le pouvez. Sinon, vous tremblerez toujours de peur de les perdre et vous finirez par oublier qu'il y a des gens qui sont malheureux et dans le besoin. Allez, distribuez ! Vous ne craindrez plus d'être volé, et en même temps votre geste s'inscrira en haut et vous le retrouverez un jour amplifié.

10 avril

L'être humain, tel que nous le connaissons aujourd'hui, est l'aboutissement d'une longue évolution. Il a fallu des millions d'années pour que l'esprit de l'homme prenne possession de son corps physique, qu'il descende dans ses cellules pour les animer et faire de lui cet être capable de réflexion, de sentiment, d'action. Mais en apprenant à se manifester de plus en plus dans le plan physique, l'homme a perdu contact avec le monde divin au point de nier maintenant ce monde dont il ne se souvient même plus.

Bien sûr, il était dans les plans de l'Intelligence cosmique que l'homme apprenne à agir dans la matière, mais cela s'est fait aux dépens du côté spirituel et c'est pourquoi il doit maintenant rétablir de nouveau le contact avec le monde divin. D'ailleurs, avec l'approche de l'ère du Verseau, on voit apparaître dans le monde des courants qui vont dans cette direction. D'un côté, c'est vrai, la technique, le progrès matériel prennent une importance de plus en plus grande, mais d'un autre côté on sent que les humains se dirigent – même si c'est encore maladroitement – vers la Science initiatique, car ils ont besoin de reprendre contact avec ce monde invisible qui était leur première patrie.

11 avril

***D**epuis la plus haute Antiquité, les Initiés ont réalisé dans leur vie psychique et spirituelle toutes les découvertes qui sont faites actuellement par la science officielle : la radio, le téléphone, la télévision, la fission de l'atome, le laser... Les scientifiques sont des ouvriers qui reviennent sur la terre pour mettre en application dans le plan physique des lois qui existent dans le monde spirituel. Tout doit être réalisé dans la matière.

C'est pourquoi les inventeurs sont souvent d'anciens Initiés, des alchimistes, des mages, des kabbalistes, qui ont pour mission de réaliser dans la matière tout ce qu'ils ont déjà connu et réalisé dans le plan spirituel. Si ces phénomènes n'existaient pas déjà dans le plan spirituel, ils n'existeraient pas non plus dans le plan physique. Car tout ce qui est en bas est comme ce qui est en haut ; donc, tout ce qui est en haut dans le monde de l'esprit doit être concrétisé en bas dans le monde de la matière.

12 avril

*V*ous ne devez jamais oublier que vos états intérieurs ne vous concernent pas uniquement vous-même, mais qu'ils influencent aussi les autres autour de vous. Si vous êtes impur, par vos émanations vous salissez les autres. Vous voulez faire du bien, c'est entendu, mais sachez que vous ne pouvez faire aucun bien si vous n'êtes pas pur. Voilà, c'est tout, c'est absolu. Si vous voulez vraiment aider l'humanité, vous devez d'abord vous purifier.

Même si vous ne dites rien à personne, même si vous ne voyez personne, par votre pureté vous contribuez à la purification de l'atmosphère de toute la terre. Oui, grâce à votre présence seulement. Mais si vous êtes impur, c'est-à-dire si vous êtes méchant, injuste, cupide, criminel, vous contribuez à empoisonner le monde entier.

13 avril

C'est vrai que la vie est pleine de difficultés et d'embûches, mais il ne faut jamais oublier que le Ciel ne nous a pas envoyés sur la terre démunis et désarmés. Au contraire, il nous a donné les possibilités de tout affronter. De même que nous sommes arrivés sur la terre parfaitement équipés et armés physiquement pour affronter le monde matériel (avec une tête, des bras, des jambes, un cœur, un estomac, les cinq sens, etc.), psychiquement aussi nous sommes équipés pour faire face.

La pensée, le sentiment, la volonté, l'imagination sont là pour que nous puissions les utiliser exactement comme nous utilisons nos membres et nos organes dans le plan physique. Habituez-vous à voir les choses ainsi, ne laissez pas vos facultés inemployées, sinon le jour où vous en aurez vraiment besoin, elles ne vous seront d'aucun secours, elles seront devenues comme des outils rouillés.

14 avril

***L**e* sacrement de l'Eucharistie commémore le dernier repas que Jésus fit avec ses disciples et au cours duquel il prit le pain, le bénit et le leur donna en disant : « *Prenez, mangez, car ceci est ma chair...* » Puis il prit du vin, le bénit et le leur donna en disant : « *Prenez, buvez, car ceci est mon sang...* » Ce rite sacré est répété chaque jour durant la messe par le prêtre qui consacre le pain et le vin afin qu'ils deviennent la chair et le sang du Christ.

Pour comprendre la signification de ces paroles, il faut savoir que le pain et le vin, produits du blé et du raisin, sont des symboles des deux principes masculin et féminin que l'on retrouve dans la plupart des Initiations. Le pain ne peut devenir la chair du Christ et le vin son sang que parce qu'ils sont des symboles solaires. Dans le plan cosmique, la chair et le sang du Christ sont la lumière et la chaleur du soleil qui créent la vie, et dans le plan spirituel, la chair et le sang du Christ sont la sagesse et l'amour. Jésus voulait donc dire : « *Si vous mangez ma chair* – la sagesse – *et si vous buvez mon sang* – l'amour – *vous aurez la vie éternelle.* »

15 avril

*L*e christianisme met particulièrement l'accent sur la crucifixion de Jésus. Bien sûr, il est bon de s'associer à la passion et à la mort de Jésus pour comprendre la grandeur de son sacrifice. Mais dans la nouvelle vie que le Christ maintenant nous propose, il n'est pas préconisé de s'attarder sur le supplice de la croix, car le Christ se manifeste aussi par la beauté, la joie, la lumière.

Dans la nouvelle culture, c'est la pensée de la gloire du Christ qui nourrira notre vie intérieure. Dieu se réjouira en voyant que nous cessons de préférer le côté négatif, d'embrasser la poussière et de nous agenouiller devant des tombeaux, car Il nous destine au plus grandiose avenir. Et s'il existe des morts dont il faut s'occuper, ce ne sont pas ceux des cimetières, mais ceux qui sont enfouis dans notre for intérieur : nos vieilles habitudes, nos vieilles conceptions erronées. Ce sont ces morts qu'il faut chercher pour en finir avec eux !

16 avril

*L*es jeunes ne connaissent pas grand-chose de la nature humaine, et il ne faut pas compter sur les écoles pour la leur révéler ! Ils ne savent donc pas combien il est dangereux de laisser vagabonder leur imagination car elle est véritablement capable de se prostituer. Même les éducateurs laissent les jeunes se plonger dans des états nébuleux sans voir le danger que présentent ces états, ils les encouragent même. Ils disent : « Il rêve, c'est un poète, il faut le laisser rêver. » Oui, mais est-ce qu'on connaît bien le monde du rêve ?

La nature a mis en l'homme des puissances formidables ; l'imagination est une de ces puissances qui peut être utilisée pour son édification comme pour sa ruine. Si les jeunes laissent leur imagination devenir la proie de n'importe quel sentiment, de n'importe quel désir, ils finiront par être envahis par des états tout à fait négatifs.

17 avril

*L*a véritable spiritualité peut se comparer au travail du soleil sur la terre. Le travail spirituel c'est le soleil, notre esprit, qui vivifie et anime notre corps afin que la santé, la lumière, la plénitude nous habitent.

Si chaque jour notre esprit est clair et purifie notre être, la vie nouvelle commence à circuler en nous. Aucun épanouissement n'est possible tant que le soleil, notre esprit, est absent. Voilà pourquoi la véritable religion est la religion solaire. Le monde entier sait qu'il existe un soleil et ce qu'il fait, mais très peu ont pensé qu'il fallait l'introduire dans son cœur, dans son âme comme un symbole, une puissance de vie. Celui qui apprend à faire se lever chaque jour le soleil en lui-même s'approche de la résurrection.

18 avril

*L*e feu est une protection. Tous ceux qui ont séjourné dans les déserts ou dans la brousse le savent : une des meilleures protections contre les animaux sauvages, c'est le feu. Les fauves ont très peur du feu, ils sentent qu'il y a là une puissance redoutable dont il vaut mieux ne pas s'approcher.

Et il en est de même dans la vie intérieure ; celui qui a su allumer en lui le feu sacré possède la meilleure des sauvegardes contre les « fauves », les esprits ténébreux : ils sentent ce feu qui émane des yeux, des mains, de tout le corps du véritable Mage, du véritable Initié, et ils s'enfuient épouvantés. L'aura justement est ce feu qui protège l'homme des esprits mauvais. C'est pourquoi vous devez travailler sur votre aura afin de la rendre de plus en plus puissante et lumineuse.

19 avril

L'humanité est comme un corps où chaque pays idéalement serait un organe constitué de cellules vivant et travaillant en harmonie. Mais les organes de l'humanité ne sont pas inspirés par la même sagesse, le même désintéressement que les organes du corps physique, parce que chacun travaille pour lui-même au détriment de son voisin.

Le fonctionnement de l'organisme a été décrété par une Intelligence sublime, alors que celui de l'humanité est l'œuvre d'une intelligence humaine ; c'est pourquoi sa situation est tellement catastrophique : cet organisme est malade, il est en train de mourir. Il faut donc prendre exemple sur l'être humain que la nature a construit, étudier son fonctionnement, dans quel cas il est en bonne santé, dans quel cas en mauvaise santé, et comprendre que ce sont les mêmes règles pour l'ensemble de l'humanité. Quand le cerveau est lucide, le cœur dilaté, même les pieds se sentent bien. Oui, quand un organe est en bonne santé, tous les autres le sentent, se réjouissent, et quand un organe est coincé, les autres, les pauvres, se sentent aussi coincés. Il n'y a que les humains qui se réjouissent quand un pays est coincé, ce qui prouve qu'ils sont de mauvaises cellules, de mauvais organes, et c'est pourquoi ils courent à leur perte.

20 avril

Parce qu'ils ont réussi à échapper à la justice humaine, certains s'imaginent qu'ils vont aussi échapper à la justice divine ; ils n'ont pas étudié suffisamment la question pour se rendre compte qu'elles ne sont pas de même nature. La justice divine peut ne pas les toucher extérieurement, mais elle les touche intérieurement. On voit des criminels qui ont soi-disant réussi à échapper à la justice, mais intérieurement ils sont en train de péricliter : leur santé, leur état psychique, tout se dégrade. Extérieurement certains éléments se maintiennent encore, mais peu à peu ces éléments vont s'effriter, parce que c'est le côté intérieur qui alimente, qui soutient l'édifice. Si l'intérieur s'effondre, l'extérieur aussi va s'effondrer un jour.

Voilà comment se manifeste la justice divine, et ses sanctions sont instantanées : au moment même où l'homme commet une transgression, quelque chose s'obscurcit, s'effrite en lui. Même s'il faut des années pour que cette dégradation apparaisse extérieurement, intérieurement, déjà, elle est en train de se produire.

21 avril

*L*es humains tremblent devant l'opinion des autres... Que vont dire leur famille, leurs amis, leurs voisins, s'ils décident d'abandonner leur ancienne vie pour embrasser la vie spirituelle ?... Ils oublient qu'il existe au-dessus d'eux d'autres êtres qui les ont envoyés, qui les surveillent et qui se prononcent sur leur conduite.

Celui qui fait cas de l'opinion publique au point de négliger l'opinion du Ciel, prouve qu'il n'a pas compris ce qui est essentiel dans la vie. Bien sûr, il peut arriver que dans son désir de se mettre au service du bien, de la lumière, un homme suscite des réactions très négatives. Les parents, les amis seront peut-être vexés qu'il ne tienne pas compte de leurs points de vue et qu'il préfère l'approbation des Êtres sublimes qui veillent sur l'humanité. Mais tôt ou tard ils seront obligés de capituler et de reconnaître que, malgré l'apparence, il a eu raison de choisir le chemin de la lumière.

22 *avril*

L’eau est un reflet de l’Âme universelle dans laquelle sont plongées toutes les créatures, et c’est dans cette substance éthérique que tout s’inscrit. Notre âme fait donc partie de cette Âme universelle, mais elle ne reçoit que rarement ses messages parce que nos canaux psychiques sont obstrués. Mais celui qui, ayant fait un grand travail de purification, peut s’élever jusqu’à cette région de l’eau céleste, reçoit de merveilleuses images dans son âme.

Apprenez à aimer l’eau. Remplissez une coupe d’eau pure, puis en vous concentrant sur elle, évoquez les images les plus poétiques, les plus lumineuses de la nature. Il se peut alors que vous les voyiez apparaître, parce que l’eau est le véritable miroir magique. Mais l’essentiel, c’est de les sentir présentes en vous, car c’est de leur présence que votre âme se nourrira.

23 avril

Ce qui compte chez un être humain, c'est d'abord ses qualités morales. S'il raisonne bien, s'il sait se dominer, quoiqu'il lui arrive, un succès ou une catastrophe, ce sera bon pour lui. Dans la vie courante, quand par exemple quelqu'un hérite tout à coup d'une grande fortune ou fait un mariage brillant, tout le monde dit : « Oh ! quel bonheur, quelle chance ! »

Seuls les sages, avant de se prononcer, commencent par étudier la question pour voir quelle est la mentalité de cette personne-là. Si elle est capricieuse, faible, égoïste, ils la plaignent : « Quel malheur, disent-ils, parce qu'avec un tempérament pareil, plus elle s'est élevée, plus sa chute sera terrible : elle va être brisée. » Et pour une autre que tout le monde plaint parce qu'elle a tout perdu, sa fortune, son honneur, sa bonne réputation, un sage peut dire : « Cette personne est forte, elle a un haut idéal, elle sera capable de transformer cette perte en richesses spirituelles. »

24 avril

***P**arlez aux humains d'une politique inspirée par la générosité, le désintéressement, très peu vous suivront. Mais parlez-leur de la possibilité d'écraser les autres pour s'emparer de leur place ou de leurs richesses, vous aurez une foule derrière vous. C'est pourquoi, excusez-moi de vous dire que les humains ont encore besoin de souffrir, il n'y a pas d'autres explications. Un jour, à cause de ces souffrances, peut-être comprendront-ils ce qu'ils doivent chercher. Vous direz que je suis cruel…

Non, je suis malheureux de le dire, mais les humains ont besoin de souffrir pour comprendre. La preuve, lorsqu'il se présente un envoyé du Ciel qui peut les éclairer et les aider, est-ce qu'ils l'écoutent ? Non, et non seulement ils ne l'écoutent pas, mais ils l'enferment, ils le brûlent ou ils le crucifient. Mais quand il y a un monstre qui va les faire souffrir, ils l'accueillent, ils l'acclament, ils le portent au pouvoir, c'est eux-mêmes qui lui donnent toutes les possibilités de les détruire. Vous voyez bien que les humains ont besoin de souffrir pour comprendre enfin qui ils doivent écouter et suivre.

25 avril

Beaucoup de troubles et de tourments vous viennent des liens visibles ou invisibles que vous avez contractés. Oui, voilà une question sur laquelle vous devez réfléchir : la nature des liens que vous avez noués dans cette vie ou dans une vie passée. Toutes les explications de votre état actuel sont là. Quand vous voulez faire chauffer de l'eau dans une bouilloire électrique, ou mettre un ventilateur en marche, vous branchez la prise, c'est-à-dire vous faites un lien, et l'appareil se met à fonctionner. Si vous coupez le courant, il s'arrête. Tout le monde le fait, tout le monde le voit, mais combien savent interpréter ce phénomène dans la vie ?

Consciemment ou inconsciemment, chaque jour, sans arrêt, vous entrez en relation avec les humains, les entités invisibles, la nature et tout l'univers, et la question de ces liens est fondamentale. C'est pourquoi il est important que vous révisiez les liens que vous avez contractés avec toutes les créatures, voir ceux qui sont bons pour les maintenir ou même les renforcer, et ceux qui sont mauvais pour les couper, et étudier les nouveaux liens à faire avec d'autres créatures.

26 avril

Pour s'ajuster au modèle divin dont il est le reflet, l'homme doit connaître la loi d'affinité. Quelle est cette loi ? Supposons que vous ayez deux diapasons accordés à la même longueur d'onde : si vous faites vibrer l'un de ces diapasons, l'autre, sans que vous le touchiez, se met aussi à vibrer. On dit qu'il y a résonance. Donc, si vous faites vibrer votre esprit, l'Esprit cosmique répondra. Si vous faites vibrer votre âme, l'Âme universelle répondra, etc. Mais cela peut aussi être l'inverse : l'Esprit cosmique ou l'Âme universelle vibre, et comme votre esprit, votre âme sont en accord avec eux, ils vibrent aussi et reçoivent tous leurs messages. Ou alors l'Intelligence cosmique est en train de propager certaines idées, certaines connaissances, et votre intellect qui est là, accordé avec elle, les reçoit.

Voilà comment vous devenez réellement un fils de Dieu : en sachant comment, par votre esprit, votre âme, votre intellect, votre cœur et votre volonté, vous pouvez toucher les puissances correspondantes dans l'univers.

27 *avril*

L'erreur de beaucoup de spiritualistes, c'est de croire qu'en choisissant la voie du bien, de la lumière, leur existence va être tout de suite transformée. Intérieurement, oui, elle peut être transformée, mais ils ne doivent pas se faire d'illusions : cette incarnation sera faite de beaucoup de paiements, de souffrances, de règlements de comptes, car ils ont à payer les dettes du passé. Ce n'est qu'après s'être honnêtement acquittés de leurs dettes qu'ils seront libres.

Et vous aussi, vous ne serez libres que lorsque vous aurez payé vos dettes. C'est pourquoi, quand vous rencontrez des difficultés, des épreuves, ne vous révoltez pas, ne soyez pas effondrés, mais essayez de les traverser en sachant qu'elles sont nécessaires, et qu'elles ne doivent pas vous empêcher de continuer à construire votre avenir.

28 avril

Le nombre cinq est celui de la séphira *Guébourah** à laquelle les kabbalistes associent la planète Mars. *Guébourah* représente l'énergie combative, la force qui protège, qui repousse les ennemis. C'est pourquoi les mages plaçaient souvent un pentagramme – étoile à cinq branches – à l'entrée de leur maison pour en interdire l'entrée aux esprits infernaux, mais aussi pour empêcher les bons esprits de sortir.

Évidemment, il ne suffit pas de placer un pentagramme à l'entrée de sa maison pour être protégé. Pour que ce symbole soit vraiment efficace, il faut travailler à devenir soi-même intérieurement un pentagramme. Le pentagramme est, si vous voulez, le squelette d'un esprit du plan astral, il faut lui donner vie. Cet esprit est alors comme un chien qui défend l'entrée de la maison contre les entités malfaisantes. Mais vous ne pouvez le vivifier que par votre propre vie, une vie d'honnêteté, d'intégrité, au service de la lumière.

* Voir note et planche p. 392-395.

29 avril

Jésus disait : « *Quand tu pries, entre dans ta chambre, ferme ta porte, et prie ton Père qui est là dans le lieu secret.* » Comment comprendre cette chambre secrète ?... Quand le disciple arrive à créer en lui le silence et la paix, quand il a besoin d'exprimer au Seigneur son amour pour Lui, qu'il veut communier avec Lui, il est déjà dans sa chambre secrète. Vous vous demandez où est cette chambre... Elle peut être dans le cœur, elle peut être dans le cerveau, dans l'âme... En réalité, c'est un état de conscience jusqu'où l'homme réussit à s'élever.

Vous méditez par exemple sur des vérités que vous n'arrivez pas à saisir, et voilà qu'au bout de quelque temps la lumière se fait : vous comprenez. Que s'est-il passé ? D'où vous est venue cette compréhension ? L'esprit la possédait mais c'était un domaine que votre conscience n'avait pas encore réussi à atteindre. Alors c'est là le sens des paroles de Jésus : par la prière, la méditation, l'homme doit entrer dans sa chambre secrète pour y recevoir des révélations.

30 avril

Si vous avez quelque chose qui ne va pas : une migraine, un bouton, une crise de foie, n'essayez pas toujours de vous en débarrasser tout de suite en utilisant un médicament. Oui, parce qu'il se peut que la nature vous donne ce mal pour vous pousser à faire dans le plan psychique un travail que vous n'avez encore jamais fait et que vous ne feriez pas sans cela. Alors, méditez, priez, liez-vous à la lumière, sans même penser au mal que vous avez, et au bout de quelque temps non seulement ce mal vous quittera peut-être, mais vous aurez fait intérieurement de grands progrès.

Je ne dis pas que vous pouvez soigner toutes vos maladies par la pensée, mais qu'au lieu de choisir toujours la facilité en vous débarrassant des plus petits inconvénients par des moyens extérieurs : des cachets, des pilules… essayez de faire tout d'abord appel à un élément spirituel : travaillez avec la lumière, l'amour, l'harmonie, la pureté. À ce moment-là, non seulement vous pourrez peut-être vous libérer de ce petit inconvénient, mais votre être entier sera en meilleur état, car le travail que vous faites ainsi ne touche pas seulement quelques cellules quelque part mais tout votre organisme physique et psychique.

1er mai

L'époque actuelle met particulièrement l'accent sur le savoir, mais quel savoir ? La plupart des connaissances que les humains cherchent à acquérir leur servent à gagner leur vie ou à briller devant les autres ; elles ne leur sont d'aucune utilité pour affronter les épreuves de la vie, les chagrins, les découragements.

Le savoir initiatique, au contraire, ne vous permet pas de trouver un métier ni d'épater la galerie, mais il vous aide dans toutes les circonstances de la vie intérieure. Au premier abord, on ne comprend pas tellement l'intérêt de ce savoir, il agit lentement, en profondeur, il ne donne pas immédiatement de grands résultats et, même quand vous avez réussi à remporter quelques victoires, il est possible que personne autour de vous ne se rende compte dans quel monde de paix, de lumière, de beauté vous vivez intérieurement. Mais peu à peu, les humains comprendront que cette masse de plus en plus grande de connaissances qui s'offre à eux ne leur apporte pas l'essentiel et ils se tourneront vers le savoir initiatique. Ce savoir concerne l'homme lui-même : il lui donne la possibilité de travailler sur sa propre matière pour devenir maître de toutes les situations.

2 mai

*L*e soleil se penche sur les petites graines et leur dit : « Alors, qu'attendez-vous ? Vous devez maintenant donner quelque chose. Allez, au travail ! – Mais nous sommes petites, nous sommes faibles… – Non, non, essayez, vous allez voir, je vais vous aider. » Et alors toutes les petites graines prennent courage. Chaque jour le soleil les chauffe, leur parle, et quelque temps après, on voit apparaître des fleurs magnifiques auprès desquelles les poètes, les peintres, les musiciens viennent s'émerveiller et s'inspirer…

Eh bien maintenant, pourquoi ne pas comprendre qu'il peut se passer la même chose avec nous, les humains ? Nous sommes des graines plantées dans le sol divin, et sous les rayons du soleil nous pouvons donner des couleurs, des parfums si extraordinaires, que même les divinités seront en extase. Parce que regardez : qu'est-ce qu'une fleur ? Elle ne sait ni chanter, ni danser, ni jouer du violon, et pourtant même les danseurs, les chanteurs, les musiciens s'extasient devant elle… Et alors, nous, si nous savons être comme des fleurs, pourquoi les divinités qui sont tellement au-dessus de nous ne viendraient-elles pas s'extasier ? Elles diront : « Oh ! Quelle gentille fleur ! » et elles s'occuperont de nous pour nous rendre encore plus purs, plus lumineux.

3 mai

Quels sont les êtres qui suscitent le respect, l'admiration ? Ceux qui ont lutté, qui se sont dépassés, qui ont triomphé des obstacles et des épreuves. Pourquoi par exemple les gens, et surtout les jeunes, admirent-ils tellement les sportifs ? Parce qu'ils cherchent toujours à se dépasser. Même s'il ne s'agit que de courir, de sauter, de nager ou de grimper, le goût de l'effort, l'endurance, le courage sont toujours considérés comme de grandes qualités. Alors, cela ne vaut-il pas la peine d'essayer de manifester ces mêmes qualités dans la vie de tous les jours ?

C'est bien de concentrer tous ses efforts à vouloir courir et nager plus vite ou plus longtemps, sauter plus haut, mieux attraper un ballon et taper dedans, mais il est encore plus utile de se dire : « Je serai plus patient dans les difficultés, je vaincrai la tristesse et le chagrin, je me maîtriserai davantage. » Eh oui, là aussi on peut faire des exploits, remporter des victoires. Pourquoi n'essayez-vous pas ?

4 mai

***B**eaucoup de religions ont présenté le Seigneur comme un être implacable, vindicatif, jaloux, qui voit tout, punit tout et ne pardonne pas. En réalité, non, le Seigneur ne nous punit pas. Il ne veut même pas voir nos fautes. Mais Il a fondé le monde sur des lois, et si nous ne les respectons pas, ce sont elles qui nous punissent, ce n'est pas Lui, Il n'a pas le temps de s'occuper de ça : Il est tout amour, Il ne vit que dans la splendeur.

Supposons que vous ayez fait une bêtise : vous vous sentez troublé et vous priez : par cette prière, vous sentez que vous échappez à vos tourments, vous vous élevez et vous arrivez jusqu'au Trône de Dieu. Même si vous êtes poussiéreux, déguenillé, Il vous dit : « Entre, sois le bienvenu ! » et Il ordonne qu'on vous lave, qu'on vous habille, Il vous invite à son festin et vous êtes heureux et dans la paix. Mais ce bonheur et cette paix ne durent pas. Quand vous redescendez (parce que, bien sûr, vous êtes obligé de redescendre, vous ne pouvez pas vous maintenir très longtemps en haut) de nouveau les tourments recommencent… Et ils continueront jusqu'à ce que vous compreniez que vous devez corriger vos erreurs, réparer le mal que vous avez fait. Ce n'est pas le Seigneur qui vient vous punir, Il a bien autre chose à faire !

5 mai

*L*a question du communisme et du capitalisme n'a cessé de préoccuper les économistes et les hommes politiques depuis plus d'un siècle. Mais, pour un véritable psychologue, le communisme et le capitalisme, au lieu d'être des idéologies ennemies, sont deux tendances qui existent dans l'être humain et qui sont toutes les deux indispensables car complémentaires : il faut être capitaliste pour mieux devenir communiste, et voici comment. L'être humain possède un grand capital : sa vie, et il a la propriété de ces « moyens de production » que sont ses yeux, ses oreilles, son cerveau, ses poumons, son cœur, ses bras, ses jambes, etc. Il les exerce, les cultive, les entretient, les soigne, les perfectionne, il les conserve pour lui : il est « capitaliste ». Mais quand son capital commence à produire et qu'il organise et oriente bien sa production, il peut alors distribuer ses produits aux autres ; il donne, il anime, il éclaire, il réchauffe : il devient « communiste » !

On ne peut pas être communiste si on ne sait pas d'abord être capitaliste pour faire fructifier son capital, sinon on sera incapable d'apporter quoi que ce soit aux autres. Et on n'est pas non plus un bon capitaliste si on ne distribue pas sa richesse, car à ce moment-là tout ce que l'on possède stagne et pourrit. Communisme et capitalisme, les deux vont ensemble et sont absolument nécessaires pour la bonne marche du monde.

6 mai

Il est écrit dans la *Genèse* que Dieu a créé l'homme à son image. Mais quand on parle de l'avenir sublime qui attend l'humanité, il y a très peu de gens pour prendre cette idée au sérieux.

Pourtant, si on admet vraiment que l'homme a été créé à l'image de Dieu, il faut être logique et en accepter les conséquences. Et justement, une de ces conséquences, c'est qu'il est promis à un avenir divin, sublime. On n'a pas le droit de limiter la portée de cette vérité, sinon quel avenir envisage-t-on pour l'image de Dieu ?

7 mai

*L*e jeûne purifie l'organisme, et la pureté est la base de la santé. Lorsque l'homme mange toujours à satiété, les cellules de son estomac et de tous ses organes, trop habituées à compter sur leur maître, savent qu'il les satisfera toujours, et elles deviennent paresseuses. Comme il y a une grande abondance de nourriture, une partie ne peut être absorbée et elle stagne dans les tissus où elle commence à fermenter. Tandis que, pendant le jeûne, les cellules, ne recevant que très peu de nourriture, prennent la décision de devenir plus économes, plus sages et plus actives pour pouvoir se débrouiller. À ce moment-là, il n'y a plus de fermentation dans l'organisme. Celui qui ne jeûne pas s'expose à de grands dangers pour l'avenir parce que ses cellules deviennent passives, paresseuses et faibles.

Il est évident que le jeûne prolongé affaiblit l'organisme, mais si on sait combien de temps, dans quelles conditions et dans quel état de conscience jeûner, les bénéfices du jeûne sont immenses pour la santé.

8 mai

*O*n rencontre partout des créatures misérables qui s'agitent et balbutient, des créatures qui ont remplacé la lumière par des idéologies fantaisistes, abracadabrantes où elles ne s'y retrouvent plus elles-mêmes. Oui, trente personnes, cinquante philosophies ! De plus en plus, le monde est un hôpital, où chacun a à se plaindre de quelque chose : que ce soit seulement l'air, la lumière, la chaleur, la nourriture, ce qui fait du bien à l'un fait du mal à l'autre, et inversement.

Prenez une famille : chacun est différent et veut affirmer ses différences. C'est normal d'être différent, mais pourquoi s'entêter à défendre ses différences quand ce sont des faiblesses ou des vices ? Même dans la maladie, les gens ont besoin de se différencier : l'un le typhus, l'autre le choléra, l'autre la grippe… (symboliquement parlant). Et qu'est-ce qu'il y a comme fièvres ! Toute la famille est fiévreuse, mais différemment : chacun a sa fièvre qui n'est pas celle des autres… Que chacun se montre différent, d'accord ; mais que ce soit au moins dans la ligne ascensionnelle !

9 mai

*O*n entend dire parfois de quelqu'un qu'il a perdu sa dignité d'homme ou d'un autre, au contraire, qu'il a su garder sa dignité d'homme. Pour beaucoup, la dignité n'est pas une notion claire : on a tendance à la confondre avec la fierté ou l'orgueil. Non, notre véritable dignité d'homme, c'est le respect de tout ce que Dieu nous a donné, à commencer par notre corps physique, mais aussi notre cœur, notre intellect, notre âme, notre esprit.

En tant que disciples d'un Enseignement spirituel, vous devez vous pénétrer de la pensée que vous êtes des temples, des tabernacles de l'Éternel où ne doivent entrer et sortir que de la nourriture pure, des pensées, des paroles, des sentiments purs. Tous ceux qui ne surveillent pas ce qui entre en eux ou qui en sort, qui se laissent aller à faire n'importe quoi, à s'occuper de n'importe quoi, à dire ou à penser n'importe quoi, ne peuvent avoir conscience de leur véritable dignité d'homme.

10 mai

*O*n peut comparer les humains à des fleurs, des fruits… ou même des légumes ! Quand vous entrez en relation avec eux, que vous les regardez, leur parlez, les écoutez, c'est comme si vous étiez en train de les respirer, de les goûter même. Or, que faites-vous la plupart du temps ? Vous regardez leurs vêtements, leurs bijoux, leur visage, leurs mains, leurs jambes, mais vous ne cherchez pas à nourrir votre âme de toute cette vie qui est là, cachée, et qui émane de leur cœur, de leur âme, de leur esprit. Et c'est dommage.

Alors, désormais, soyez plus attentif et tâchez d'apprendre à apprécier les humains qui portent cette vie subtile, arrêtez-vous devant eux en pensant : « Ce sont des aspects du Père céleste et de la Mère divine !… Merci, Seigneur, merci, Mère divine. À travers ces « fleurs » et ces « fruits », j'ai la possibilité aujourd'hui de m'approcher de Vous, de Vous contempler ; à travers cette splendeur, je peux respirer vos parfums, goûter vos saveurs. » Et vous partirez heureux, parce que ces fruits et ces fleurs vous auront permis de vous rapprocher du Ciel.

11 mai

Chaque matin, au lever du soleil, nous recevons des paillettes d'or, nous sommes des chercheurs d'or, car nous aussi nous voulons devenir riches. Mais au lieu d'aller tamiser le sable des rivières, nous nous tournons vers le soleil en essayant de capter sa lumière, et de la condenser en vie, en forces, en inspiration.

Les alchimistes, qui avaient étudié cette question en profondeur, disaient que l'or n'est rien d'autre que la lumière du soleil condensée dans les entrailles de la terre. Certains d'entre eux ont même su remonter ce processus de condensation et retrouver dans l'or physique toute la lumière, la chaleur et la vie du soleil. Grâce à certaines méthodes ils arrivaient à puiser et à absorber d'une lame d'or tout ce que le soleil y a condensé d'énergies depuis des millénaires. On ne sait pas encore quelle puissance est contenue dans quelques grammes d'or !

12 *mai*

Il est dit dans les Évangiles : *« Veillez et priez, car le diable, comme un lion rugissant, est prêt à vous dévorer. »* Vous appartenez à un Enseignement spirituel où l'on vous révèle les plus grandes vérités, mais dès que vous retournez dans la vie courante, vous oubliez tout, et à la première occasion, comme vous n'êtes pas vigilant, vous êtes mordu.

Les diables ne sont pas tellement grands et effrayants ; s'ils l'étaient, on pourrait les voir, se défendre, les attaquer même ; mais la plupart du temps ils sont tout petits et ils se cachent. C'est comme les microbes, on ne se méfie pas d'eux parce qu'on ne les voit pas, et ils ravagent toute l'humanité. Il faut donc désormais avoir des « microscopes », sinon chaque jour les diables sont là : on pose le pied quelque part, une seconde d'inattention, et voilà quelques côtes cassées – symboliquement parlant. Les humains se représentent le diable avec des cornes, des griffes, des sabots… Mais non, la réalité est bien pire, les diables dont on doit se protéger, c'est l'insouciance, la négligence, l'inattention.

13 mai

D'après les décrets de l'Intelligence cosmique, tous les organes, l'estomac, le cœur, les poumons doivent travailler avec désintéressement pour le bien de l'être entier. Comment ne pas voir que c'est grâce à ce désintéressement que l'être humain est vivant, en bonne santé ? Si les Initiés insistent tant sur cette qualité, c'est parce qu'ils ont compris qu'on reçoit des milliers de fois plus par le désintéressement que par l'égoïsme. En étant égoïste on s'imagine gagner, alors qu'on introduit seulement la maladie en soi.

Les humains sont toujours là à essayer d'avoir l'avantage sur leur voisin, de le dominer, de l'évincer, et ils sont même fiers de cette attitude. Cela prouve qu'ils n'ont pas compris la leçon de l'organisme qui leur montre tous les jours qu'avec cette attitude, au contraire ils vont tous péricliter, parce qu'ils introduisent en eux-mêmes les germes de la dislocation. Vous direz : « Oui, mais avec l'abnégation, le sacrifice, il est impossible de vivre, on mourra. » Non, c'est à ce moment-là, au contraire, que vous introduirez en vous la santé, l'harmonie, la résurrection, la vie éternelle.

14 mai

*P*renez un cercle : quelle que soit l'étendue de sa circonférence, son centre reste toujours un point minuscule. Comme symbole, la circonférence représente l'âme qui peut s'étendre à l'infini. Quant au point central, il représente l'esprit qui n'a pas de dimension, mais qui possède cette propriété particulière de vibrer si intensément qu'il est présent partout à la fois. L'esprit n'a pas de dimension parce qu'il n'est pas matériel, alors que l'âme, elle, est matérielle. Bien sûr, elle n'est pas faite de la matière épaisse du plan physique que nous connaissons, mais de la matière primordiale qui est pure lumière. L'esprit ne peut rien créer sans la matière de l'âme dans laquelle il est enfermé.

Quand les physiciens procèdent à la fission de l'atome, symboliquement ils ne font rien d'autre que libérer l'esprit, les forces emprisonnées dans la matière.

15 mai

*M*ême si vous avez eu des dons et des facultés dans une incarnation antérieure, ils ne se manifesteront pas dans cette présente incarnation si vous ne les exercez pas. Il arrive parfois que, sur le tard, quelqu'un se découvre, pour une activité, des aptitudes qu'il ne soupçonnait pas ; il est tout étonné et il regrette de ne pas les avoir découvertes plus tôt.

Il faut donc s'exercer dans les domaines les plus divers. Si vous ne réussissez pas, vous pouvez abandonner, mais au moins vous n'aurez pas le regret de ne pas avoir essayé. Il est toujours bon de commencer à travailler dans un domaine pour lequel on n'a aucune disposition particulière, mais il ne faut pas s'obstiner si ça ne marche vraiment pas. Il est préférable pour vous d'exercer les talents que vous avez déjà, plutôt que de vous acharner en vain sur ceux que vous n'avez pas. Il faut savoir où placer ses énergies. Donc, travaillez dans les domaines où vous êtes déjà fort, perfectionnez les qualités et les talents déjà existants en vous et, uniquement dans le temps qui vous reste, essayez d'en éveiller d'autres qui vous manquent totalement.

16 mai

*V*ous vous plaignez souvent de ne pas pouvoir compter sur les autres. Vous vous imaginez que, où que vous alliez, quoi que vous fassiez, les gens resteront là où vous les avez laissés et qu'à n'importe quel moment vous les retrouverez disponibles et dans le même état d'esprit. Mais voilà que tout bouge, tout change, tout se transforme. Alors vous pouvez rencontrer les gens, les fréquenter, faire des affaires avec eux, mais ne comptez pas sur leur stabilité, parce qu'alors là vous vivez dans les illusions, et éternellement vous serez malheureux de constater que les choses ne se passent pas tout à fait comme vous l'aviez cru et espéré, que rien ne marche d'après vos désirs. « Mais que faire ? » direz-vous.

Travaillez sur vous-même pour vous développer, vous renforcer, vous éclairer, c'est la seule chose qui soit sûre pour faire face à toutes les situations. Si Dieu vous donne quelques amis fidèles, c'est merveilleux, remerciez-Le. Mais compter seulement sur les autres, abandonner cette étincelle vivante en vous pour aller courir après des ombres et des illusions, c'est se préparer des souffrances terribles et si ce n'est pas maintenant, ce sera plus tard, parce que tout change.

17 mai

***L**a transpiration est essentielle pour la santé. Mais la transpiration physique ne suffit pas. L'âme et l'esprit aussi doivent transpirer. C'est l'amour qui fait transpirer l'âme ; et c'est la sagesse qui fait transpirer l'esprit. Évidemment, il faut comprendre le mot « transpiration » de façon très large ! La transpiration est le symbole d'un échange parfait qui s'établit entre le microcosme (l'homme) et le macrocosme (l'univers). Physiquement ces échanges se font par la peau ; par la peau nous rejetons des déchets et nous absorbons des énergies. Mais dans le plan subtil, ces échanges se font par l'aura qui est notre peau spirituelle.

Donc, quand je dis que notre âme et notre esprit doivent transpirer comme notre corps physique, je veux parler des échanges que nous devons faire, dans les plans subtils, avec l'univers tout entier.

18 mai

*A*près vous être bien lavé les mains, prenez un verre d'eau pure, de préférence de l'eau de source, tenez le verre dans la main gauche et plongez-y un ou plusieurs doigts de la main droite en vous concentrant sur une qualité que vous aimeriez acquérir, un progrès que vous voudriez réaliser.

Des mages blancs ont pu rendre la santé à des malades en leur donnant à boire de l'eau qu'ils avaient ainsi magnétisée. Mais vous, même si vous vous exercez à magnétiser de l'eau, ne vous imaginez pas que par ce moyen vous allez tout de suite guérir des malades. Ce serait très présomptueux. Je ne vous donne cette méthode que comme un exercice : buvez ensuite vous-même cette eau, ou servez-vous-en pour arroser vos fleurs.

19 mai

Rares sont les adultes qui se demandent si ce qu'ils préparent pour la jeunesse lui fera vraiment du bien, c'est-à-dire l'aidera à y voir plus clair, à s'équilibrer, à se renforcer. La plupart sont à l'affût de ce qui peut attirer les jeunes dont les instincts et les désirs sont en train de s'éveiller, et ils s'empressent de l'offrir à leur convoitise ! Cela commence par les jouets, et cela continue plus tard avec toutes sortes d'objets ou d'activités tout à fait inutiles ou même nuisibles, dont les adolescents n'auraient eux-mêmes aucune idée s'ils ne les voyaient pas affichés partout dans les vitrines des magasins et vantés par la publicité.

Eh bien, ces gens-là sont coupables d'induire la jeunesse en erreur. Car d'abord, ils suscitent chez elle des besoins matériels qu'elle n'a pas la possibilité de satisfaire, et cela entraîne des frustrations, et même le désir d'obtenir malhonnêtement ce qu'elle ne peut obtenir honnêtement. Ensuite, en essayant de lui faire croire qu'elle a absolument besoin de tout ça pour se sentir bien et épanouie, ils la détournent de la véritable recherche du bonheur et du sens de la vie.

20 mai

*L*orsqu'un serpent veut se faufiler dans un trou, il commence par y introduire la tête, et quelle que soit la longueur du reste de son corps, la queue est obligée de suivre, car la queue suit toujours la tête. Vous ne voyez rien là d'extraordinaire, mais cette image est le symbole de toute la pédagogie divine. La tête, c'est la faculté de réfléchir, de raisonner qui donne telle ou telle orientation, et obligatoirement, le reste du corps, c'est-à-dire les actes, suivent.

Vous direz : « Mais ce n'est pas du tout ce qui se passe avec moi. Combien de fois j'ai décidé de vaincre ma paresse, ma sensualité, de me montrer bon, juste, généreux, et toutes ces résolutions n'ont servi à rien ». Bien sûr, les transformations ne se font pas tout de suite, mais si vous tenez ces résolutions sans cesse présentes dans votre tête, de même que la queue suit toujours la tête, vous finirez par exécuter ce que vous avez décidé. Tous ceux qui ont persisté, qui ont continué à maintenir une bonne attitude, au moins dans leur esprit, ont fini par entraîner toutes les résistances en eux et à agir comme l'esprit le leur dictait.

21 mai

*A*ucun être humain n'est jamais venu sur la terre sans avoir des erreurs à corriger, des dettes à payer. Combien d'Initiés, combien de saints et de prophètes aussi ont souffert pour réparer des fautes qu'ils avaient commises dans des incarnations antérieures ! Cela n'empêchait pas leur âme et leur esprit de vivre dans la splendeur divine, parce que, malgré leur karma, ils travaillaient, ils travaillaient sans relâche, et c'est ainsi qu'ils sont devenus des divinités.

Quoi qu'il vous arrive, vous devez toujours rester conscient qu'il existe en vous une région inattaquable, inaccessible : votre esprit, où vous devez vous réfugier pour travailler. Une fois que vous êtes là, même si le karma vous assaille, vous vous sentez au-dessus, toujours au-dessus : le karma veut vous limiter, vous vous libérez ; il veut vous assombrir, vous vous illuminez... Envers et contre tout, vous continuez votre travail.

22 *mai*

Celui qui veut trouver la vérité doit avant tout reconnaître l'existence du Créateur. Et s'il veut bénéficier de sa vie, de sa lumière, de son amour, de sa force, il doit se lier à Lui, entrer en contact avec chacune de ces qualités dont Il est l'unique et véritable source. La seule pensée de l'existence du Créateur travaille déjà bénéfiquement sur lui.

Dieu, on ne peut ni Le décrire ni L'expliquer, ni même Le concevoir, mais celui qui Le cherche sincèrement, qui travaille à se rapprocher de Lui par la pratique des vertus, sent peu à peu Sa présence se manifester en lui comme paix, lumière, amour, force, et plus rien de mauvais ne peut plus l'atteindre. Oui, et c'est d'abord cela qu'il faut comprendre : que vous ne rencontrerez jamais Dieu à l'extérieur de vous, vous ne pouvez Le trouver qu'en vous, comme une présence qui vivifie et illumine tout votre être intérieur.

23 mai

*L*a manière dont le serpent change de peau est très instructive pour le disciple. Il sent qu'une nouvelle peau a poussé sous l'ancienne, il cherche alors dans les rochers une fissure ou un trou étroit, et il s'y faufile. C'est difficile, il doit forcer pour passer par… la « porte étroite ». Mais au sortir du passage étroit, le serpent possède une peau neuve, l'ancienne a été arrachée.

Le disciple doit lui aussi passer un jour par la « porte étroite » qui lui enlèvera sa vieille peau, c'est-à-dire ses vieilles conceptions, ses vieilles habitudes, ses vieux raisonnements. Chacun de vous passera par la porte étroite. Ce sera, bien sûr, un passage difficile, mais ne vous troublez pas, n'ayez pas peur, réjouissez-vous de perdre votre vieille peau pour devenir un être nouveau, avec des idées, des sentiments, un comportement nouveaux.

24 mai

***L**orsque le mystique contemple la Divinité, son âme est comme une femme qui veut recevoir une étincelle, un germe du Créateur. Il se consacre à la lumière de Dieu, il s'expose à elle et il reçoit ce germe dans son âme. Il le porte longtemps afin de mettre au monde un Enfant divin.

Dans le plan spirituel, l'homme comme la femme peut concevoir un enfant. En se liant au Créateur, l'homme change de polarité, il devient femme et donne naissance à l'enfant amour et à l'enfant sagesse… De la même façon, si la vierge qui se consacre au service de Dieu se prépare aussi à épouser le Christ, c'est pour enfanter spirituellement. Dans la vie intérieure, il n'y a pas de mariage stérile, mais à condition que la femme ou l'homme soit préparé, instruit des lois de la polarisation spirituelle.

25 mai

*S*i on sait comment regarder le soleil et travailler avec lui, on acquiert la véritable puissance. Tout ce qui existe sur la terre, les pierres, les plantes, les animaux, les hommes, reçoit la vie du soleil, sa chaleur, sa lumière ; mais seuls les grands Maîtres, les Initiés ont compris la nature de cette énergie : ils ont développé les centres qui leur permettent de la capter et de la transformer.

Pour un Initié, la lumière du soleil est une nourriture, il l'absorbe, il l'assimile pour la projeter ensuite autour de lui. C'est pourquoi il peut éclairer, réchauffer et vivifier les créatures.

26 mai

***B**eaucoup de gens qui essaient de se transformer, de changer de vie, se lamentent parce qu'ils voient qu'ils retombent toujours dans les mêmes faiblesses. En réalité, le seul moyen de se corriger de ses défauts, c'est de changer ses mauvaises habitudes, c'est-à-dire de mettre au bon moment d'autres empreintes, d'autres clichés. Mais pour cela il faut être d'une vigilance extraordinaire ; si on n'a pas cette vigilance, on oublie, et l'ancienne habitude, l'ancien cliché se manifeste toujours fidèlement.

Il est dit dans les Évangiles : *« Soyez vigilants, parce que le diable est là comme un lion qui rugit et qui cherche à vous dévorer. »* Cette vigilance, justement, est le secret du changement. C'est pourquoi désormais vous devez apprendre à faire consciemment d'autres gestes, à prononcer consciemment d'autres paroles, à nourrir consciemment d'autres pensées et d'autres sentiments, afin d'imprimer profondément en vous les clichés de la nouvelle vie qui vient des régions célestes. C'est en vous exerçant tous les jours dans ce sens que vous vous transformerez.

27 mai

*L*es mères doivent connaître la puissance de la parole, afin de développer chez leurs enfants les vertus et les qualités qu'elles souhaitent pour eux. Même lorsqu'un enfant n'est pas en âge de comprendre ce qu'on lui dit, la mère peut lui parler ; car pour commencer à parler à un enfant, il n'est pas nécessaire qu'il comprenne, il peut même être endormi. Alors, qu'elle le prenne dans ses bras et qu'elle lui parle doucement, avec beaucoup d'amour, beaucoup de conviction, qu'elle lui décrive ce qu'elle souhaite le voir devenir plus tard… Le bébé ne bouge pas, il n'a rien entendu, rien compris, peut-être, oui, mais la parole est une force agissante.

Dans le subconscient de ce petit enfant, il y a des entités qui ont tout écouté, tout enregistré, et déjà elles commencent à se mettre au travail : dans son cerveau, dans son cœur, dans toutes les cellules et les organes de son corps, elles déclenchent les processus, accumulent les éléments, qui permettront plus tard à l'enfant de manifester les dons, les qualités que sa mère souhaitait pour lui.

28 mai

L'être humain, comme toute créature vivante, a des besoins à satisfaire, et c'est même ainsi qu'il se définit : par ses besoins, car les besoins sont liés à la vie. Oui, vivre, c'est satisfaire des besoins : besoin de respirer, de se nourrir, de se protéger, d'aimer, d'être aimé, de s'enrichir, de créer… Il n'y a que des besoins ! La différence entre les êtres, c'est seulement le domaine, le plan où chacun cherche à les satisfaire.

Celui qui croit pouvoir trouver la plénitude dans le plan matériel finit un jour ou l'autre par être déçu, car en négligeant les besoins de son âme et de son esprit, il creuse en lui un vide que rien ne pourra jamais combler. Et non seulement il sera déçu, mais il se heurtera continuellement à tous ceux – et ils sont nombreux – qui donnent la priorité aux mêmes besoins inférieurs que lui. Seuls les besoins spirituels n'engendrent aucun conflit, aucun heurt, car le monde de l'âme et de l'esprit est vaste, infini…

29 mai

*L*a puissance de la femme est immense, car elle possède un magnétisme spécial sous forme de petites particules subtiles qui s'échappent d'elle. Ce n'est pas dans le plan physique que la femme a le plus de pouvoir, mais dans le domaine des émanations éthériques, et si beaucoup disent qu'elle est une sorcière, une magicienne ou une fée, c'est à cause de ce magnétisme que lui a donné la nature. Grâce à ces émanations, les femmes sont même capables de former des corps de nature éthérique.

Voilà pourquoi si un grand Maître, si un Sauveur du monde donne le germe d'une réalisation sublime, du Royaume de Dieu sur la terre, toutes les femmes ensemble pourront grâce à leurs émanations construire le corps de cet enfant collectif. Si toutes les femmes dans le monde devenaient conscientes de leurs possibilités, elles pourraient grâce à leurs émanations subtiles contribuer à la formation d'un nouveau corps collectif, le Royaume de Dieu et sa Justice.

30 mai

*L*a flamme d'une bougie est un aspect du feu solaire qui nous éclaire, nous chauffe et nous vivifie, dans le plan physique mais aussi dans le plan spirituel. Dans le plan physique, la flamme n'a évidemment pas les pouvoirs du feu solaire, mais dans le plan spirituel, elle a ces pouvoirs, et c'est pourquoi vous devez apprendre à entrer en relation avec elle.

Prenez une bougie que vous consacrez en disant : « J'allume cette flamme pour la gloire de la lumière, pour l'Ange du Feu. » Vous l'allumez et vous vous adressez à elle : « Flamme bien-aimée, symbole du Saint-Esprit, symbole de l'Amour divin, symbole du Feu cosmique, symbole du soleil spirituel… » en lui demandant de pénétrer en vous et de tapisser vos cellules d'une couche de feu afin que le Saint-Esprit vienne un jour faire en vous sa demeure. Car c'est ce feu que vous avez allumé en vous qui attire le Saint-Esprit.

31 mai

*O*n voit la majorité des humains faire tout ce qu'ils peuvent pour satisfaire leurs désirs et réaliser leurs ambitions. Se sont-ils posé une question sur la nature de tous ces calculs, ces projets et ces arrangements ? Ont-ils pensé à demander au Ciel : « Ô esprits lumineux, sommes-nous en accord avec vos projets ? Quelle est votre opinion ? Quel plan avez-vous à notre sujet ? Où et comment devons-nous travailler pour accomplir votre volonté ? » Très peu se posent ces questions.

Et pourtant, rien n'est plus important pour l'homme que de supplier les entités du monde invisible de lui donner la possibilité d'accomplir enfin les projets du Ciel. Car à ce moment-là toute sa vie change : il cesse de se diriger d'après ses folies, ses faiblesses, ses aveuglements, ses convoitises ; en s'efforçant de connaître la volonté du Ciel, il se met sur d'autres rails, prend une nouvelle orientation qui correspond aux projets de Dieu. Et c'est cela, la vraie vie !

1er juin

*E*n accordant des dons artistiques à certains, le Ciel les a mis en possession d'un grand trésor, grâce auquel ils peuvent accomplir des merveilles ; mais souvent ils n'en sont pas conscients, et ils ne croient pas assez à la puissance de ces dons.

Un artiste doit avoir pour idéal de conduire les êtres vers la Divinité, et alors son nom sera inscrit dans le Livre de la Vie : il sera noté qu'il a sauvé plusieurs âmes des tribulations et de la mort. Et qu'il ne s'inquiète pas de sa propre âme : s'il sauve l'âme des autres, quelqu'un viendra sauver la sienne. À celui qui répand la joie autour de lui, d'autres viennent apporter la joie.

2 juin

Il faut apprendre à utiliser les critiques et la malveillance comme des stimulants. Chaque fois qu'on vous accuse ou vous condamne injustement, pensez que vous avez là les meilleures conditions pour vous renforcer. Si vous suivez ce conseil, un jour c'est vous qui remporterez la victoire, et ceux qui vous ont attaqué seront honteux. Pourquoi ? Pendant qu'ils étaient occupés à vous faire du mal, ils ne travaillaient pas, ils ne s'amélioraient pas, au contraire ; et maintenant quand ils se comparent à vous, ils se trouvent tellement faibles et insignifiants !

Quand on est à l'abri, au calme, on ne fait aucun effort, mais ce calme n'est pas une chose souhaitable. Si vous pouvez arriver à ce degré de compréhension, vous penserez, vous aussi, que malgré les apparences, celui qui est injustement persécuté se trouve dans la meilleure situation.

3 juin

Quand un enfant mange, est-ce qu'il comprend quelles énergies la nourriture va lui apporter, et comment ces énergies vont contribuer à son épanouissement physique, moral, intellectuel ? Non, bien sûr, mais on n'attend pas que l'enfant comprenne pour lui donner à manger.

Eh bien, on ne doit pas non plus attendre que l'enfant comprenne pour lui donner certains éléments de spiritualité. Car plus tard, tout ce qu'il aura ainsi enregistré sans comprendre apparaîtra à sa conscience et il pourra en bénéficier ; il s'en servira, et sera beaucoup plus équilibré que les enfants qu'on a écartés de certaines préoccupations sous prétexte qu'elles n'étaient pas de leur âge. Si on doit attendre que les enfants soient capables de comprendre la vie spirituelle pour la leur donner, d'une certaine façon ils seront vite morts, spirituellement morts. La vie spirituelle, ce n'est pas comme les mathématiques, la physique, la chimie, qui nécessitent un certain développement intellectuel. La vie spirituelle, c'est, si vous voulez, pour son âme, comme la langue maternelle dont l'enfant s'imprègne en l'entendant parler autour de lui.

4 juin

*L*e corps physique de l'homme est comparable à un champ de bataille où s'affrontent les puissances de vie et les puissances de mort. L'homme qui vit d'une façon désordonnée, chaotique, alimente dans son organisme les forces de désagrégation qui travaillent à le détruire. Par contre, s'il embrasse la lumière, s'il redresse sa philosophie, s'il décide de travailler d'après les lois divines, il renforce les gardiens de l'organisme et les forces destructrices sont neutralisées. Voilà comment on renforce ou on affaiblit tantôt les unes, tantôt les autres.

Il est donc nécessaire de se surveiller, de devenir plus sage. Car c'est par notre façon de vivre que nous déterminons en nous les conditions de la santé ou de la maladie.

5 juin

Pour résoudre vos problèmes, habituez-vous à vous élever chaque jour par la pensée. C'est à vous de vous déplacer, sans attendre que le Seigneur, dans sa clémence et sa miséricorde, vienne vous visiter. Car le Seigneur ne descendra pas.

Vous direz : « Mais on a lu dans les Écritures que, le jour de la Pentecôte, le Saint-Esprit était descendu sur les Apôtres sous la forme de langues de feu. » Oui, mais pour recevoir le Saint-Esprit, l'homme doit d'abord s'élever intérieurement jusqu'aux régions célestes où il se fusionne avec la Divinité. Celui qui se purifie, qui vibre à l'unisson avec la volonté du Seigneur, vit déjà dans les régions les plus lumineuses ; et même si on dit que le Seigneur est descendu en lui, en réalité, non, c'est lui qui est monté jusqu'au Seigneur, et le Seigneur l'a rempli de sa présence.

6 juin

*L*a majorité des gens ne se préoccupent pas de la façon dont ils mangent. Leurs repas se passent en conversations, gesticulations, chamailleries au milieu desquelles ils mettent de temps en temps quelque chose dans la bouche. Et ils ne voient là rien d'anormal : ils pensent que l'organisme se chargera de recevoir et de trier tous les éléments nécessaires à son bon fonctionnement. Et c'est vrai, l'organisme s'en charge.

Mais ce qu'ils ne savent pas, ces ignorants, c'est que la nourriture contient des forces et des éléments subtils que seule une nutrition consciente peut leur permettre de recevoir. Ces éléments, qui appartiennent au plan éthérique, au plan astral et même au plan mental*, peuvent les aider à améliorer leurs pensées, leurs sentiments, tout leur comportement. Oui, mais encore une fois, à condition d'apprendre à manger consciemment.

* Voir note et schéma, p. 390 et p. 391.

7 juin

Il était une fois un jeune garçon qui cherchait un Maître qui lui apprenne comment trouver Dieu. Il marcha à travers la forêt jusqu'au jour où il arriva devant la grotte d'un vieil ermite. Il lui dit qu'il voulait être son disciple, et l'ermite accepta qu'il s'installe près de lui. Aux questions qu'il lui posait, le Maître ne lui donnait que quelques brèves réponses et des exercices très simples à faire. Mais le disciple n'était pas satisfait et harcelait son Maître de questions pour trouver Dieu. Un jour qu'il faisait chaud et qu'ils marchaient au bord d'une rivière, « Arrêtons-nous pour boire », dit le Maître, et ils s'allongèrent pour prendre de l'eau dans leurs mains. Soudain, le Maître saisit la tête du disciple, la plongea sous l'eau et la maintint pendant quelques secondes. Puis il la lâcha. Le disciple, reprenant son souffle, regarda son Maître avec stupéfaction. « À quoi as-tu pensé, demanda le Maître, pendant que tu avais la tête sous l'eau ?
– A l'air. Je voulais respirer. – Très bien, dit le Maître, sache que si tu veux trouver Dieu, c'est de cette façon que tu dois penser à Lui. »

Et moi, je vous le dis à vous aussi : quand vous priez, pensez à Dieu de tout votre cœur, de toute votre âme, et à rien d'autre, comme celui qui, la tête sous l'eau, ne désire qu'une seule chose : respirer.

8 juin

L’eau et le feu représentent les deux principes de la création. Leur activité dans l’univers est symbolisée par la croix, figure d’une grande richesse de sens que l’on retrouve dans toutes les civilisations, sous une forme ou sous une autre.

La ligne horizontale représente l’activité du principe féminin, l’eau, qui a toujours tendance à s’étaler, à se répandre à la surface du sol en occupant le plus de place possible, cherchant même des interstices pour s’infiltrer sous la terre et disparaître. La ligne verticale représente l’activité du principe masculin, le feu, qui a au contraire tendance à se concentrer et à s’élancer vers les hauteurs. L’eau est donc liée à la surface et à la profondeur, et le feu à la hauteur. Ces deux directions horizontale et verticale, synthétisées par la figure de la croix, sont celles qui représentent le mieux l’activité des deux principes masculin et féminin dans la création et dans les créatures. L’univers est rempli de ce symbole.

9 juin

*P*rendre le plaisir pour guide présente de grands dangers pour les humains, car ce qui leur plaît alimente plus souvent leurs instincts que leur âme et leur esprit. La preuve, il n'y a qu'à voir où ils trouvent du plaisir : manger, boire, coucher avec quelqu'un, jouer de l'argent au casino, écraser les autres, se venger, etc., les possibilités ne manquent pas. Mais alors, où vont-ils ainsi ? Où cela les mènera-t-il des années après ?

En cherchant le plaisir, l'homme pense surtout à lui, car son plaisir, c'est pour lui. Il ne cherche pas le plaisir des autres, mais uniquement le sien. Ainsi, il se limite et il s'avilit car, pour obtenir ce plaisir et le défendre, il est souvent obligé d'employer des méthodes qui ne sont pas très catholiques : il devient exigeant, injuste, et s'il est, à un moment ou à un autre, privé de ce plaisir, il se montre irritable, agressif, vindicatif. Il se rend insupportable aux autres qui ne manquent pas de le lui faire sentir. Alors, quelles satisfactions a-t-il vraiment goûtées là ?

10 juin

Si les cellules de notre corps avaient une conscience de soi développée, suivant l'organe auquel elles appartiennent, elles se sentiraient divisées, car leurs fonctions ne sont pas les mêmes : le cœur travaille d'une façon, le foie d'une autre, ainsi que l'estomac, les reins… Mais si ces cellules pouvaient aller plus loin dans la compréhension, elles verraient que c'est un seul être qui les embrasse et les unit : l'homme lui-même.

Il en est de même pour les créatures humaines, qui représentent chacune une cellule du grand corps cosmique. Oui, le Créateur est le seul être réellement existant, et tous les humains ne sont que les cellules éparpillées de son corps. Mais comme la conscience de ces cellules n'est pas unifiée, elles s'opposent, se heurtent… Les humains se croient justifiés dans leurs luttes et leurs affrontements, ils en sont fiers même parfois, car ils pensent défendre de grandes causes. Non, il n'y a pas de quoi être fier, car ces affrontements ne sont que le résultat de leur ignorance : ils ne savent pas qu'ils appartiennent au grand corps de Dieu.

11 juin

Pour assouplir et façonner la matière, il faut introduire en elle une force susceptible de la ramollir ou même de la dissoudre. Vous avez de l'argile : vous y versez de l'eau, elle s'humecte et se ramollit. Si vous avez du sucre ou du sel et que vous les couvrez d'eau, ils fondent. Il faut toujours trouver quelque chose qui pénètre, qui humecte, qui ramollit. Dans d'autres cas, le travail des métaux par exemple, on utilise la chaleur…

Dans le domaine spirituel, cette eau et cette chaleur qui permettent de travailler sur la matière, c'est l'amour. Comme la chaleur ou comme l'eau, l'amour pénètre les particules de matière, les fait fondre et les transforme. Vous êtes troublé, irrité ou angoissé : vous pouvez changer ces états grâce à l'amour qui purifie votre matière psychique et en harmonise les particules. Jusqu'à maintenant, vous ne connaissez que l'amour passionnel qui produit des ravages. Désormais, tâchez d'apprendre à travailler avec la puissance de l'amour spirituel qui illuminera tout votre être intérieur.

12 juin

*V*ous devez augmenter votre attention et votre amour pour les vérités de la Science initiatique. Car ces vérités méritent que vous ayez vis-à-vis d'elles une attitude sacrée. Il y a une tendance que cultivent nos contemporains, c'est de ne plus rien considérer comme sacré, sous prétexte qu'il faut faire preuve d'esprit critique et démythifier les notions philosophiques et religieuses que des générations trop crédules ont contribué à construire. Cette tendance est très préjudiciable à leur évolution, car à ce moment-là, la nature se ferme à eux, elle ne leur fait aucune révélation.

La nature ne se découvre que devant les humains qui ont le sens du sacré. Si vous apprenez à cultiver cette attitude, vous aurez des révélations extraordinaires. Pas seulement les révélations qui viendront de votre Maître, et qui d'ailleurs ne sont pas tellement substantielles tant qu'elles ne viennent pas aussi de vous. Lorsque vous saurez trouver la bonne attitude, les révélations viendront aussi de vous, et vous serez étonné de découvrir des merveilles que vous n'aviez jamais encore soupçonnées.

13 juin

*L*e monde invisible veut instruire les humains à l'aide de leurs propres expériences, et pas un d'entre eux n'est épargné. C'est cela le vrai travail : s'arrêter sur chaque expérience de la vie quotidienne pour en tirer des conclusions, afin de pouvoir aller beaucoup plus loin dans la voie de la spiritualité.

Mais combien sont capables de comprendre ces leçons et d'en profiter ? Toute la vie ils feront ces expériences, et ils resteront aussi faibles qu'avant, incapables de réagir pour améliorer la situation. Ils souffrent, bien sûr… ils ne sont pas fiers, bien sûr… Mais ils sont habitués à tous ces désordres et ils se résignent à végéter. Non, c'est le moment de comprendre qu'ils doivent sortir de là. Et pour sortir de là, il faut chaque jour méditer sur l'harmonie, l'aimer, la désirer, l'introduire en soi, dans chaque mouvement, dans chaque parole, dans chaque regard.

14 juin

Il arrive à tout le monde d'être heureux, mais pour si peu de temps ! Être heureux parce qu'on a obtenu ce qu'on désirait : des succès, des avantages matériels ou même l'amour d'un homme ou d'une femme, ce n'est pas réellement le bonheur, car on ne peut jamais être sûr que cela durera.

Le vrai bonheur est basé sur une compréhension correcte. Les Initiés ont toujours insisté sur le fait que le bonheur est un état de conscience qui est le résultat de la façon dont on sent et comprend les choses. Les humains ne peuvent pas être heureux tant que leur intellect et leur cœur sont un champ de bataille où s'affrontent des pensées et des sentiments chaotiques et dévastateurs. Le travail des Initiés a toujours été d'enseigner aux humains la sagesse et l'amour, car de la lumière de l'intellect et de la chaleur du cœur naissent le mouvement harmonieux, une activité constructive, équilibrée. Et c'est cela le bonheur.

15 juin

L'être humain possède un esprit, une âme, un intellect, un cœur, une volonté, un corps physique, et la plus grande difficulté pour lui est de les accorder entre eux. Tant qu'il n'y est pas arrivé, tant qu'il n'a pas réussi à faire l'unité en lui, il ne peut être ni fort ni puissant.

Un des buts d'une École initiatique, c'est de nous apprendre à créer cette unité, à faire converger toutes nos activités, toutes nos facultés vers un point. Que ce soit l'âme, l'esprit, l'intellect, le cœur, le ventre, le sexe… nous devons leur donner pour but notre perfectionnement, notre illumination. Une fois cette unité réalisée en chacun de nous, tous ensemble nous pourrons nous concentrer sur la lumière, afin de produire des effets bénéfiques sur le monde entier.

16 juin

*N*e pas maîtriser le feu des passions est la manière la plus sûre d'anéantir ce que l'on a de plus précieux en soi. Beaucoup cherchent ce feu dévorant, sans se rendre compte que ce qu'ils perdent alors, ils ne le retrouveront plus jamais. Ils font comme les enfants qui jouent avec des allumettes : ils mettent le feu pour voir monter les flammes et ils poussent des cris de joie, tandis que tout est en train de se consumer. Les pauvres malheureux ! Ils ne savent pas que dans tout leur organisme et particulièrement dans leur cerveau, ce feu s'accompagne de secousses, de fissures, d'effondrements. Bien sûr, les effets ne sont pas immédiats, mais peu à peu quelque chose se désagrège en eux.

C'est pourquoi nous devons nous efforcer de prendre conscience des répercussions de nos émotions, de nos sensations sur notre équilibre physique et psychique, afin de poursuivre harmonieusement la construction de notre édifice intérieur.

17 juin

Si les humains étaient clairvoyants ou même seulement sensibles, ils auraient constaté que l'atmosphère du monde psychique est encore plus irrespirable que celle du monde physique. Ils se plaignent des fumées d'usines, des gaz d'échappement des voitures… Mais eux-mêmes, individuellement, ils ne font rien d'autre que d'empoisonner l'atmosphère spirituelle par des émanations toxiques : leurs mauvaises pensées, leurs sentiments de haine, de jalousie, de colère, de mécontentement.

Eh oui, il faut savoir que tout ce qui fermente en l'homme comme pensées et sentiments malsains, produit des exhalaisons pestilentielles, asphyxiantes. On accuse les voitures, mais qu'est-ce que les voitures à côté de plusieurs milliards d'individus ignorants qui n'ont jamais appris à maîtriser leurs passions inférieures ?

18 juin

Combien de saints, de mystiques se sont aperçus avec tristesse que plus ils se rapprochaient du Seigneur, plus ils L'aimaient, plus la force sexuelle devenait puissante en eux ; et ils luttaient, ils étaient tourmentés, déchirés… Il faut connaître la nature humaine et comprendre que tel mécanisme que l'on a déclenché dans une partie de son être entraîne le déclenchement d'un autre mécanisme dans une autre partie.

Vous direz : « Mais alors, si cela doit augmenter la force sexuelle, il ne faut pas aimer le Seigneur ! » En réalité, il existe des moyens pour diriger cette force et obtenir grâce à elle les plus grandes réalisations spirituelles. Oui, que de choses à connaître pour ne pas être induit en erreur ! Quand vous savez au moins quelles réactions peuvent se produire en vous après une prière ardente, une extase, une fusion avec la Divinité, vous pouvez au moins être sur vos gardes. C'est l'ignorance qui est la cause principale des égarements.

19 juin

C'est au moment où vous êtes dans une attitude de réceptivité et de confiance que votre Maître peut inscrire les grandes vérités dans votre âme. Vous ne vous en rendez peut-être pas compte tout de suite, car cela se fait à votre insu, mais un jour, quand vous marcherez dans la rue, ou que vous serez chez vous, d'un seul coup ces vérités vont resurgir et vous serez ébloui.

Certains diront : « Mais c'est de la magie, et j'ai peur de la magie ! » En réalité, vous ne pourrez jamais sortir de la magie. Jour et nuit on vit dans la magie, tout est magie : les regards, les paroles, les gestes, la nourriture, tout. Ce qui est triste, c'est que les humains, qui n'ont pas encore compris cela, ne font rien pour se libérer de la magie déplorable et nocive dans laquelle ils sont plongés chaque jour, et accepter à la place une autre magie qui peut les vivifier, leur donner l'espoir, l'élan, l'amour et les rendre vivants, fils et filles de Dieu. Alors, fermez-vous, si vous voulez, à l'influence des gens malfaisants, mais devant votre Instructeur qui ne pense qu'à votre bien, pourquoi vous fermer ?

20 juin

Il y a deux façons d'aider les humains : leur donner des vêtements, de la nourriture, des médicaments, un logement, ou bien les instruire afin qu'ils sachent à l'avenir se débrouiller tout seuls. La première méthode est rapide, spectaculaire même parfois, puisqu'en quelques minutes la situation matérielle de quelqu'un peut être transformée. Mais cette aide n'est que momentanée, car les placards de nourriture vont se vider, les vêtements s'user, etc., et il faudra recommencer. Éclairer les gens est plus utile ; seulement, bien sûr, c'est beaucoup plus long et difficile.

Pour aider les humains de façon vraiment efficace, il faut prendre modèle sur la nature. Durant neuf mois la mère porte l'enfant dans son sein et lui enseigne comment il doit manger, boire, respirer, puis elle lui dit : « Allez, maintenant, ça suffit, sors ! » Au début, il pleure un peu, puis il décide de se débrouiller et bientôt il y parvient. C'est ainsi qu'il faut éduquer les humains. Plutôt que de leur reconstruire des maisons et de leur apporter de la nourriture, ne serait-il pas préférable de leur apprendre à ne plus jamais se faire la guerre ?

21 juin

*L*es sommités intellectuelles et médicales de notre époque ne peuvent pas admettre l'idée que des entités du plan astral s'introduisent chez les humains pour se nourrir à leurs dépens et les désagréger. À leur avis, il s'agit d'éléments chimiques qui perturbent le bon fonctionnement du psychisme. C'est vrai, ce sont des éléments chimiques, mais ces éléments chimiques sont la conséquence, la concrétisation de la présence d'esprits malfaisants attirés par l'homme lui-même. Ces entités pullulent dans le monde astral, et si les humains par leurs faiblesses, leurs transgressions, leur ouvrent la porte, elles entrent en eux et produisent des troubles.

Ces faits sont très bien décrits dans tous les Livres sacrés, ce qui explique l'importance donnée par les Initiés à la pureté et aux exercices de purification. Et maintenant, au lieu d'étudier ces textes et d'en comprendre la profondeur pour instruire ensuite les humains dans ce sens, la médecine cherche les produits chimiques qui permettront de remédier aux troubles créés par une vie désordonnée. Comment ne se rend-elle pas compte qu'en réalité, en ne soignant pas les causes, ses bienfaits ne durent pas ?

22 *juin*

Regardez le soleil et prenez-le pour modèle, parce que c'est lui qui vous mettra dans les meilleures dispositions pour aimer et aider les humains. Tant que l'on n'a pas ce modèle de chaleur et de lumière, on se laisse aller à des manifestations égocentriques et grossières.

Regardez ce qui se passe dans le monde : on ne voit que des gens qui veulent profiter des autres, les asservir, les écraser. Ce n'est pas glorieux, tout ça ! Tandis qu'avec le soleil, vous avez l'image d'un être toujours rayonnant et généreux. Et en admettant même qu'il ne soit pas un être intelligent et raisonnable au sens où l'entendent les humains, le contact conscient avec sa chaleur et sa lumière ne peut que nous inspirer des sentiments plus fraternels à l'égard des autres.

23 juin

*L*a dualité n'est en réalité qu'une expression de l'unité. Le nombre 1 est le premier et le seul nombre. Seul existe le nombre 1, voilà ce qu'il faut comprendre. Et que représentent le 2, le 3, le 4 ?... Des divisions du 1. Arbitrairement on divise le 1 en 2, 3, 4, 5, 6... et chaque division est présentée comme un nouveau nombre alors qu'elle n'est qu'un aperçu différent du 1.

Qu'est-ce que le 2 ? Le 1 polarisé. Prenez un aimant : il est polarisé, mais il n'est pas divisé, il est un et reste un. Nulle part le 2 n'est séparé du 1. N'importe quel objet, ou même l'être humain, a deux extrémités, deux pôles, mais il est toujours un. Et le 3 ? Eh bien, ce sont les deux pôles qui sont restés liés et qui agissent l'un sur l'autre pour produire un être, une force ou un objet qui est le 3 ; mais le 3 non plus n'est pas séparé du 1. Et le 4, le 5, sont encore de nouveaux aspects du nombre 1 ; individuellement ils n'existent pas, seul le 1 existe.

24 juin

S'ils ne souffraient pas, jamais les humains ne se décideraient à se transformer. C'est pourquoi, au lieu de se révolter contre la souffrance, ils devraient comprendre son utilité, car la souffrance est un feu qui brûle les impuretés.

Le feu possède une propriété qu'il faut connaître : il ne détruit jamais ce qui est de même nature que lui. Au moment où il pénètre en l'homme, il ne brûle que ses impuretés ; la matière qui est pure ne se consume pas, elle résiste au feu et devient lumineuse parce qu'elle vibre à l'unisson avec lui. C'est cette matière qui forme le corps de la gloire, le corps de la lumière dont parlent les Écritures. Quand l'Initié réussit à allumer le feu divin en lui, il embrase la matière de son être et la fait briller comme un soleil.

25 juin

*L*a vie, qu'est-ce que la vie ? Qu'est-ce qui fait dire des créatures qu'elles vivent ? C'est qu'elles sont capables de faire des échanges avec le monde ambiant où elles puisent les éléments qui leur sont indispensables. Le plus souvent elles le font inconsciemment : très peu de gens s'exposent au soleil, respirent, mangent, boivent, etc., en ayant clairement conscience de ce que leur apportent la lumière, la chaleur, l'air, la nourriture. Et c'est justement cette conscience que doit acquérir le disciple.

Depuis des millénaires, les plus grands Maîtres de l'humanité nous enseignent que l'Esprit de Dieu imprègne tout l'univers et que nous pouvons, à travers la matière qui nous environne, entrer en contact avec cet Esprit. Les humains n'ont aucune idée de ce qu'ils perdent en ignorant que les éléments qui les environnent, la terre, l'eau, l'air et le feu sont pétris de la quintessence de la Divinité et que, par la méditation, la respiration, une nutrition consciente, ils peuvent capter cette quintessence qui vivifiera toutes les cellules de leur corps. Ainsi non seulement ils améliorent leur santé physique, mais leurs cellules rajeunies, purifiées, illuminées, au lieu de les retenir très bas dans les couches opaques de la matière, deviennent de bonnes ouvrières qui les soutiennent dans leur travail de création intérieure.

26 juin

*A*pprenez à vous nourrir de lumière, car c'est la lumière qui apporte les plus grandes richesses. Et lorsque vous vous sentez riche, vous avez besoin de donner, vous devenez généreux, vous commencez à aimer toutes les créatures. C'est la pauvreté qui engendre la haine.

Les vrais riches ne détestent jamais personne. Les vrais riches, ce sont les grands Maîtres : ils vivent dans une telle abondance qu'ils ont besoin de distribuer leurs richesses. Comment, en vivant dans cet état de plénitude, pourraient-ils éprouver de la haine ? C'est celui qui se sent privé qui devient hargneux, jaloux, et il commence à détester les autres. Donc, quand vous voyez quelqu'un qui ne manifeste ni amour, ni noblesse, ni générosité, c'est qu'il est intérieurement pauvre et misérable.

27 juin

Rien de ce que vous faites ne reste sans conséquences. Imaginez qu'il y a quelques centaines d'années, un homme a creusé dans la montagne une rigole pour amener l'eau dans son jardin. Peu à peu, sous l'effet des conditions atmosphériques : la pluie, le vent, le gel, le soleil… cette rigole n'a cessé de se creuser et de s'élargir, et voilà maintenant une vallée !

De la même façon, quand vous faites un geste, prononcez une parole, lancez un regard, donnez un sourire, chacun de ces mouvements s'inscrit dans la matière astrale, et toutes les forces du monde psychique travaillent comme les forces de la nature à façonner cette matière. Si vous avez inscrit quelque chose de bon, après un certain temps vous vivrez dans la joie, la paix… mais attention, si vous avez inscrit quelque chose de négatif ! Évidemment, les résultats n'apparaissent pas tout de suite, mais patientez et vous verrez les sillons que vous avez tracés dans votre cœur, dans votre intellect et dans votre âme, devenir de véritables vallées, des vallées de larmes ou de joies.

28 juin

*O*n peut dire d'une façon générale qu'un fruit possède trois éléments : la peau que l'on jette, la chair que l'on mange et le noyau que l'on plante. Vous direz que vous savez cela. Non, si vous le saviez, vous ne commettriez pas autant d'erreurs dans votre vie. Par exemple, un homme (ou une femme) vous parle chaque jour de son amour. Vous prenez toutes ses paroles et vous les mangez, vous les avalez même, sans faire aucun triage. Quelque temps après, vous êtes plongé en pleine tragédie. Pourquoi ? parce que vous n'avez pas compris la leçon du fruit. Certainement, cet homme ou cette femme avait mis des éléments très bons et très beaux dans son amour, dans ses paroles, et vous pouviez les manger ; mais vous auriez dû savoir que, venant d'un être humain, ces paroles contenaient nécessairement des éléments humains, trop humains, qu'il aurait fallu laisser de côté. Eh oui, l'amour est une question très complexe.

Dans l'amour que l'on vous offre, il y a toujours des éléments que vous devez rejeter, d'autres que vous pouvez prendre, et un, enfin, que vous devez planter dans votre âme. C'est pourquoi vous devez dire à cet être qui vous aime : « Attendez un peu, avant de vous donner une réponse, je dois d'abord planter le noyau. Le fruit est succulent, mais je veux connaître l'arbre qu'il va produire. »

29 juin

On peut trouver dans l'histoire des créatures nobles, grandes et pures, mais on n'en trouvera aucune qui puisse se comparer au soleil comme lumière, amour, générosité. Le soleil est le seul qui exprime la grandeur de Dieu sur la terre et c'est lui qu'il faut prendre pour modèle.

Si les humains sont toujours faibles, obscurs, hargneux, tristes, c'est parce qu'ils n'ont pas pour idéal quelque chose d'infini. Leur idéal est d'être comme leur oncle, comme leur voisin, comme tel homme politique, tel acteur, ou tel archi-milliardaire. Mais qu'est-ce que c'est que ces modèles ? Allez les voir avec leurs angoisses, leurs maladies, leurs désordres ! Tandis que le soleil, rien ne peut se comparer à lui. Si vous le prenez comme modèle, votre intellect aura sa lumière, votre cœur sa chaleur, votre esprit sa puissance. Et surtout comme lui, vous saurez être généreux.

30 juin

*V*ous êtes au lever du soleil : vous attendez le premier rayon, vous êtes vigilant, attentif, et quand ce premier rayon apparaît, pensez que vous l'absorbez, que vous l'avalez. Ainsi, vous commencez à boire le soleil. Au lieu seulement de le regarder et de le respirer, vous le buvez, vous le mangez, et vous imaginez que cette lumière qui est vivante se propage dans toutes les cellules de vos organes, qu'elle les purifie, les renforce, les vivifie. Cet exercice vous aide à vous concentrer et les résultats sont fantastiques : tout votre être frémit et vous parvenez à sentir que vous absorbez vraiment de la lumière.

Il est dit dans le *Zend-Avesta* que lorsque Zarathoustra demanda à Ahura Mazda comment se nourrissait le premier homme, celui-ci répondit : « Il mangeait du feu et buvait de la lumière. » Alors, pourquoi ne devons-nous pas apprendre, nous aussi, à manger du feu et à boire de la lumière pour revenir vers la perfection du premier homme ?

1er juillet

Chacun de nous a en lui une voix qui lui parle sans arrêt, mais cette voix est très douce, et de grands efforts sont nécessaires pour parvenir à la distinguer parmi les bruits de toutes sortes… Comme si on essayait de suivre la mélodie d'une flûte au milieu du tapage des tambours et des grosses caisses.

Il faut apprendre à écouter cette voix très douce qui parle en nous. Nous savons très bien entendre la voix tonitruante de l'estomac qui crie sa faim ou du sexe qui réclame une victime, mais lorsqu'une petite voix nous dit : « Sois plus patient… Apprends à te maîtriser… Fais des efforts… », nous répondons : « Oh, tais-toi ! » Il est facile de la réduire au silence : elle est si douce, elle n'insiste pas, et c'est tant pis pour nous qui ne voulons pas écouter, un jour nous recevrons des leçons.

2 *juillet*

Plus nous sommes nombreux pour chanter, plus notre rayonnement fraternel attire des entités divines qui viennent nous aider en nous donnant la santé, la force, la lumière. Nous ne chantons pas en chorale pour passer agréablement le temps, mais pour faire un travail conscient, pour apprendre à soumettre notre vie personnelle, égoïste, à la loi de la fraternité, de l'universalité, de l'harmonie.

Nous devons travailler pour l'harmonie, car chaque vibration harmonieuse que nous parvenons à créer nous met en relation avec la grande harmonie cosmique. Le mot « harmonie » résume toutes les vertus, toutes les bénédictions. Quand l'harmonie nous pénétrera, elle nous accordera comme un instrument, et l'Esprit qui viendra nous effleurer tirera de nous des sonorités divines.

3 juillet

***L**a langue n'a pas été donnée aux hommes pour affaiblir ou anéantir les autres. Son rôle est de relever celui qui est tombé, d'éclairer celui qui se trouve dans l'obscurité ou sur la fausse voie, de guider ceux qui se sont égarés.

La langue n'a été donnée aux hommes que pour bénir, remercier, communiquer dans la sagesse, la justice et l'amour. Ceux qui ignorent la valeur de cette richesse qu'ils possèdent la perdront un jour. Tâchez de donner un exemple devant tous, montrez que vous êtes intelligent, bon, honnête en sachant maîtriser votre langue. La langue est responsable de beaucoup d'événements heureux ou malheureux de l'existence ; c'est elle qui nous fait perdre ou gagner des amis. C'est pourquoi tâchez de toujours trouver un mot bienveillant pour chacun.

4 juillet

*T*oute activité a un bon et un mauvais côté. Si vous vous observez, vous vous apercevrez quelques années après que, quel que soit le métier que vous avez exercé, vous y avez laissé vos forces, votre santé, votre beauté. Bien sûr, il y a eu quelques petits avantages, mais si vous devez mettre tout cela dans la balance divine, vous vous apercevrez que le peu que vous avez gagné ne compense pas les richesses que vous avez perdues.

Malheureusement, c'est un genre de calcul que les humains ne sont pas habitués à faire. Quand ils veulent obtenir de l'argent, la gloire ou la science, ils ne mettent jamais dans l'autre plateau de la balance les pertes que ces acquisitions vont entraîner. Ils obtiendront peut-être ce qu'ils veulent, mais quelques années après on les voit dans les cliniques ou les hôpitaux psychiatriques, incapables de manger, de boire, de se réjouir, leur système nerveux est délabré. À ce moment-là ils se rendent compte de la valeur de ce qu'ils ont perdu. Ils disent : « Si j'avais su !... » Mais c'est trop tard, il fallait savoir plus tôt !

5 juillet

Il n'existe pas d'activité plus glorieuse que de participer au travail pour l'avènement du Royaume de Dieu et sa Justice. Il faut que vous en preniez conscience, et qu'avec tous vos moyens, grands ou petits, et même avec vos faiblesses et vos déficiences, cela ne fait rien, vous participiez.

Quand il y a des élections, on ne demande pas aux gens d'être tellement intelligents et capables pour voter, même les idiots votent. Eh bien, nous aussi, nous devons voter pour le Royaume de Dieu et sa Justice, participer à la venue de ce Royaume sur la terre, être fiers et heureux de participer. Devant le Ciel il n'y a rien de plus important. Bien sûr, la majorité des humains participent plus ou moins à toutes sortes d'entreprises, mais ces entreprises sont le plus souvent prosaïques, quand encore elles ne sont pas stupides, pernicieuses ou même diaboliques. Tandis qu'ici, on vous présente l'entreprise la plus noble, la plus sublime à laquelle vous puissiez participer : le Royaume de Dieu et sa Justice, l'Âge d'Or.

6 juillet

Certains êtres sont construits si puissamment dans le domaine des instincts, des passions, que nul ne pourra les changer, aucun Maître, aucun Initié. Ils lui diront : « Je vous comprends très bien, je suis d'accord avec vous, c'est merveilleux, je voudrais changer, mais je ne peux pas, c'est plus fort que moi. » Certains l'avouent : « Je ne peux pas. Si je ne fume pas, si je ne mange pas de la viande, si je ne couche pas avec des femmes, si je ne chaparde pas un peu, je suis malheureux. » Il est encore plus malheureux après, bien sûr, mais ça, c'est une autre affaire.

Il n'est donc pas question de vouloir absolument transformer ces êtres, mais seulement de leur montrer que la vie spirituelle pratiquée par d'autres a un sens. Est-ce qu'ils accepteront de changer, ça c'est autre chose. Si le Christ lui-même se présentait, des milliers de personnes tomberaient à genoux pour le glorifier, mais elles resteraient ce qu'elles sont, incapables de se transformer. Le chat aura beau dire : « Je vous reconnais, je vous admire », il restera un chat : il cherchera toujours des souris, et il est inutile de vouloir l'en empêcher.

7 juillet

Quand vous mangez, prenez l'habitude de mâcher longtemps la nourriture, car les glandes qui se trouvent dans la bouche y introduisent alors différents éléments bénéfiques ; c'est comme une « cuisson » qui facilite son assimilation. Et si vous avez mastiqué jusqu'à ce que les aliments deviennent liquides, il ne reste que très peu de déchets et vous bénéficiez, même en mangeant peu, de beaucoup d'énergies.

Les mêmes lois régissent la respiration. C'est pourquoi, quand vous respirez, vous devez absorber l'air lentement et profondément pour qu'il puisse descendre jusqu'à la base des poumons afin de les gonfler et de les dilater. Et après l'avoir absorbé, vous devez retenir l'air, comme si vous le mâchiez. De même que la bouche mastique la nourriture, les poumons peuvent mastiquer l'air. L'air que vous respirez est comme une « bouchée » de nourriture remplie de forces extraordinaires et, pour pouvoir bien le digérer, vous devez le rejeter très lentement.

8 juillet

L'amour peut être comparé à un arbre avec des racines, un tronc, des branches, des feuilles, des fleurs et des fruits. La sexualité représente les racines de l'amour : ces racines sont profondément enfouies dans l'être humain, on ne peut les arracher. Et d'ailleurs, il ne faut pas les arracher, elles sont indispensables, comme les racines sont indispensables à l'arbre ; seulement il faut aller plus loin, plus haut, ne pas se contenter de vivre dans les racines. Car l'amour c'est aussi le tronc, les branches, les fleurs, les fruits. Et les fleurs et les fruits de l'amour, c'est le sacrifice.

Alors, voilà, il ne vous reste plus qu'à vous occuper de cet arbre Amour, apprendre comment le cultiver, l'arroser, le protéger des insectes et des orages. Vous apprendrez aussi qu'il ne faut jamais couper ses racines, car l'amour le plus spirituel reçoit son élan de la force sexuelle... Et quand vous goûterez des fruits de cet arbre Amour, vous comprendrez que ce sont les fruits de l'immortalité, de la vie éternelle.

9 juillet

Quand un acrobate marche sur une corde raide, il est obligé d'écarter les bras pour garder l'équilibre. Cette image est également celle de l'homme, car la vie est aussi une corde raide. S'il ne sait pas ajouter un peu ici, enlever un peu là pour maintenir en équilibre les deux plateaux du cœur et de l'intellect, par exemple, s'il néglige un côté au profit de l'autre, il introduit le déséquilibre et cela se manifeste par des pensées et des sentiments chaotiques.

Dans chaque domaine l'homme doit penser à équilibrer les deux plateaux de sa balance intérieure. S'il est toujours concentré sur la matière, l'argent, les possessions, sans jamais penser à l'esprit, au Ciel, il créera aussi en lui un déséquilibre qui se reflétera sur sa physionomie et même sur sa santé. Il faut connaître cette loi que pour chaque besoin qu'on satisfait sur un plan, apparaît, sur un autre plan, une lacune qu'on devra aussi combler.

10 juillet

*E*n regardant le soleil, essayez de retrouver le centre en vous : votre esprit qui est toute-puissance, sagesse, omniscience, amour universel, et rapprochez-vous chaque jour de lui. Tant que vous restez éloigné du centre, vous êtes à la merci des courants les plus désordonnés et contradictoires.

Bien sûr, on est souvent obligé d'abandonner le centre pour aller poursuivre ses activités à la périphérie. Oui, mais s'il faut savoir s'éloigner du centre puisque c'est nécessaire, cela ne signifie pas qu'on doive couper le lien avec lui. Au contraire, plus vous avez d'activités dans le monde, c'est-à-dire à la périphérie, plus vous devez renforcer ce lien avec le centre, avec l'Esprit, car c'est de ce centre que vous recevez l'énergie, la lumière, la paix dont vous avez besoin pour mener à bien toutes vos entreprises.

11 juillet

Certains parents choisissent pour leurs enfants des noms qui ont une signification tout à fait prosaïque et quelconque. Or, chaque nom produit des vibrations déterminées qui agissent sur les corps éthérique, astral et mental* des enfants à l'insu même de ceux qui le prononcent. Si les parents étaient instruits de l'influence harmonieuse ou désharmonieuse, bénéfique ou maléfique d'un nom, ils seraient très attentifs en choisissant celui de leurs enfants, car le choix judicieux du nom contribue énormément au développement de certaines qualités et vertus.

C'est pourquoi il est arrivé que certains Initiés changent le nom d'une personne qui était en proie aux malheurs, aux maladies et aux vices, et la destinée de cette personne a pris une autre orientation grâce à ce nouveau nom. Cela ne veut pas dire qu'on doive maintenant s'occuper de changer le nom de tout le monde. Mais pour les enfants, il est mille fois préférable de trouver un nom qui ait une signification spirituelle : cela peut les aider beaucoup dans leur évolution.

* Voir note et schéma, p. 390 et p. 391.

12 juillet

*L*es humains ne savent pas encore respirer par tous les pores de leur peau, c'est pourquoi leur respiration n'est pas encore complète, idéale, divine. Certains yogis, pourtant, sont arrivés à respirer par la peau et ils captent ainsi toutes sortes d'énergies et de substances vitales. C'est pourquoi ils peuvent diminuer la quantité de nourriture et de boisson : parce qu'ils ont appris à absorber des éléments plus subtils.

C'est un exercice que vous pouvez apprendre à faire au lever du soleil : absorber les rayons du soleil à travers la peau et les emmagasiner dans le plexus solaire. Ainsi, après des mois et des années, vous sentirez qu'il s'ouvrira en vous de petites bouches, de petites portes qui sont déjà là mais que vous ne vous étiez pas encore exercés à faire fonctionner.

13 juillet

Un Maître a des pouvoirs, c'est entendu, mais il y a des choses qu'il ne peut pas faire. Il ne peut pas, par exemple, manger à votre place ; il vous donnera la nourriture, mais c'est vous qui devez manger. Et si vous dites : « Non, non, je veux que ce soit lui qui mange », eh bien, c'est lui qui se renforcera et vous, vous péricliterez.

Vous croyez toujours que c'est le Maître qui doit faire votre travail. Non, le Maître vous donnera tous les matériaux nécessaires à la construction de votre palais, il vous donnera même du ciment et des clous, mais c'est vous qui devez vous mettre au travail, ce n'est pas lui qui construira le palais. Si c'est le Maître qui fait votre travail, c'est lui qui gagne et vous ne gagnez rien. Comprenez bien qu'un Maître ne peut pas tout. Le soleil non plus n'est pas tout-puissant : si vous laissez les rideaux baissés, il ne pourra jamais entrer dans votre maison.

14 juillet

*V*ous êtes allés faire des excursions en montagne et vous avez remarqué que ce sont les aspérités, les rochers, qui vous ont permis de grimper. Alors, pourquoi désirez-vous que votre vie soit lisse, qu'elle n'ait pas d'aspérités ? Dans ces conditions jamais vous n'allez arriver jusqu'au sommet, et surtout, pour descendre, quelle dégringolade !…

Par bonheur pour vous la vie est pleine d'aspérités, c'est grâce à elles que vous êtes encore vivant. Oui, c'est pourquoi vous ne devez pas demander que votre vie soit lisse, sans souffrances, sans inconvénients, sans chagrins, sans ennemis, parce que vous n'aurez rien à quoi vous accrocher pour monter. Tous ne souhaitent que vivre dans la facilité et l'opulence sans savoir qu'en réalité c'est leur malheur qu'ils sont en train de demander. Heureusement, le Ciel ne les écoute pas, s'il les écoutait il ne resterait bientôt plus rien d'eux.

15 juillet

Il faut cultiver le côté extérieur et le côté intérieur de son être, le côté extérieur pour la société, le côté intérieur pour soi-même. Il faut vivre sa vie intérieure pour soi, mais en ayant toujours conscience que cette vie se propage et touchera un jour le monde entier, tous les êtres sur la terre et dans le Ciel.

L'activité extérieure est très réduite, mais l'activité intérieure est très vaste. Nos actes ne peuvent toucher que peu de gens, alors que nos sentiments et surtout nos pensées peuvent toucher tous les êtres. La pensée est beaucoup plus puissante et embrasse infiniment plus de choses que notre volonté, elle est également plus subtile et possède davantage de possibilités. Par la pensée nous pouvons faire tout ce que nous voulons, même voyager dans l'espace ; tandis que la volonté, qui s'exerce dans la matière, rencontre de grandes résistances, son champ d'action reste très limité. Un jour, mais après des réincarnations et des réincarnations et un immense travail psychique de notre part, l'activité de notre volonté suivra immédiatement celle de notre pensée.

16 juillet

*L*es fruits de l'Arbre de Vie qui se trouvait dans le jardin d'Éden sont les qualités et les vertus des constellations zodiacales.

Ce sont dans l'ordre : le Bélier, l'activité ; le Taureau, la sensibilité et la bonté ; les Gémeaux, le goût de l'étude ; le Cancer, la perception du monde invisible ; le Lion, la noblesse et le courage ; la Vierge, la pureté ; la Balance, le sens de l'équilibre cosmique ; le Scorpion, la compréhension de la vie et de la mort ; le Sagittaire, le lien avec le Ciel ; le Capricorne, la domination de soi et des autres ; le Verseau, la fraternité et l'universalité ; les Poissons, le sacrifice. Voilà les qualités des fruits de l'Arbre de Vie qu'Adam et Ève avaient l'autorisation de manger et dont nous devons nous nourrir aussi.

17 juillet

L'amour, le véritable amour est non seulement au-dessus de l'attraction sexuelle, mais il est même au-dessus du sentiment, car c'est un état de conscience. L'attraction est une question de longueurs d'onde, de vibrations, de fluides, et elle dépend d'éléments purement physiques. Le sentiment est déjà supérieur à l'attraction car il peut être inspiré par des facteurs d'ordre moral, intellectuel, spirituel. Mais le sentiment est aussi variable : un jour on aime, un jour on n'aime pas.

Tandis que l'amour vécu comme un état de conscience est au-delà des circonstances et des personnes. C'est l'état d'un être qui s'est tellement purifié, qui a tellement développé sa volonté qu'il a réussi à s'élever jusqu'aux régions sublimes de l'amour divin. Et alors, quoi qu'il fasse, qu'il mange, qu'il se promène, qu'il travaille, qu'il rencontre d'autres êtres, cet être sent cet amour en lui et dispose de lui pour aider toutes les créatures.

18 juillet

Quand on entend parler d'unité dans le domaine de l'économie, de la politique intérieure ou internationale, il s'agit toujours d'une unité anarchique, comme les brigands qui s'unissent pour faire de mauvais coups. Ce n'est pas là la véritable unité, mais c'est ainsi qu'on la comprend : s'unir pour se jeter sur quelqu'un d'autre et l'anéantir. Quand les membres d'une nation disent : « Unissons-nous » et que cette union n'a pour but que de combattre le voisin, ce n'est pas véritablement une unité.

La véritable unité doit être toujours la plus vaste possible. Si un organe réalise l'unité pour lui-même sans travailler en harmonie avec les autres, lui, peut-être, se sentira bien, mais les autres souffriront et l'unité sera donc compromise. Quand nous parlons d'unité, nous sous-entendons une unité universelle, cosmique, dont rien n'est exclu. Mais cette unité doit d'abord se faire en nous-même : toutes nos cellules, nos tendances unies vers Dieu. Cet effort que nous faisons se reflète sur les autres unités et toutes ces unités éparpillées feront, en s'unissant, une unité universelle.

19 juillet

L'École divine est à l'image des écoles terrestres. Quand un étudiant réussit à un examen, il reçoit un diplôme qui lui ouvre certaines portes et lui donne toutes sortes de possibilités.

Vous aussi, quand vous savez passer les épreuves de la vie avec succès, vous recevez un diplôme, mais ce n'est pas un papier comme les diplômes des universités qui peuvent être déchirés, brûlés, effacés ou volés. Là, c'est un diplôme que l'on vous colle sur le visage, sur votre corps, dans tout votre être, personne ne peut vous l'enlever. Et même les esprits de la nature qui savent lire ce diplôme, vous apprécient, vous reçoivent, vous reconnaissent. À travers l'espace, partout où vous allez, ils voient ce diplôme et alors ils vous protègent, ils viennent vous aider.

20 juillet

*V*ous devez apprendre à entrer en contact avec le monde de l'esprit, à chercher votre bonheur dans ce monde divin que vous portez tous en vous-même. C'est là que vous pouvez vous épanouir et trouver la plénitude. Seules les joies subtiles sont des joies durables. Pourquoi les gâcher en descendant trop bas dans la matière ?…

N'oubliez jamais qu'il existe en vous une nature supérieure que vous pouvez développer pour vous maintenir dans ce monde idéal, rester au-dessus des forces qui provoquent des désordres et des ravages et vivre sans arrêt dans un climat spirituel.

21 juillet

Comment ne pas se rendre compte que la pollution n'existe pas seulement dans le plan physique ? S'il y avait des laboratoires équipés d'appareils assez perfectionnés, on pourrait vérifier que certaines émanations fluidiques des humains sont de véritables gaz asphyxiants.

Et on pourrait faire aussi la constatation inverse : que les émanations d'un être spirituel sont bénéfiques pour toutes les créatures, même pour les pierres, les plantes, les animaux. Puisqu'il est pur, désintéressé, plein d'amour, la présence d'un tel être agit aussi favorablement sur ceux qui l'entourent que la présence d'un criminel peut agir négativement. Même les esprits qui ont quitté la terre viennent auprès de lui pour se nourrir de ses émanations. C'est grâce à ces êtres évolués que l'atmosphère de la terre n'est pas encore devenue tout à fait irrespirable.

22 juillet

*O*n s'imagine souvent qu'en connaissant enfin une méthode on pourra l'utiliser chaque jour dans toutes les circonstances. Mais voilà qu'une méthode qui a agi hier n'est plus efficace aujourd'hui et il faut en trouver une nouvelle. Hier, vous avez été dans le Paradis avec une pensée que vous avez lue, par exemple ; mais aujourd'hui cette pensée n'agit plus, il faut en trouver une autre. C'est ainsi que, jour après jour, le Ciel nous oblige à avancer, à faire des découvertes, sinon nous nous endormirions toujours sur la même vérité.

Chaque jour la vie présente de nouveaux agencements, une nouvelle disposition des choses, de nouveaux rapports de force, donc de nouveaux problèmes à résoudre, et si hier la solution a été de faire appel à la sagesse, peut-être qu'aujourd'hui c'est l'amour, ou la volonté, ou la patience, qui sera efficace. Il y a toujours une solution, mais il faut faire l'effort de la trouver.

23 *juillet*

*U*n Initié qui est occupé à faire un travail bénéfique pour toute l'humanité éveille sans le vouloir des forces hostiles. Mais comme il le sait, il prend des précautions, et il continue son travail. Ce n'est pas parce qu'on va éveiller des hostilités qu'on ne doit plus travailler pour la lumière ; là aussi il faut savoir être audacieux et continuer.

Celui qui veut être tranquille, doit ne rien vouloir faire d'exceptionnel, mais rester insignifiant, effacé : à ce moment-là il ne provoque aucune réaction. Mais est-ce une solution de renoncer à tout ce qui est grand et beau dans la vie pour être tranquille ? Non, malgré les difficultés, malgré les oppositions, malgré les critiques, il faut continuer jusqu'à la victoire !

24 juillet

*L*e disciple cherche à s'accorder avec l'Intelligence cosmique ; chaque jour il essaie de vibrer à l'unisson avec elle, de se fondre en elle, de s'ouvrir à l'immensité, de se laisser emporter par ses tourbillons… Mais il ne peut y arriver que par l'amour, car seul l'amour permet la véritable fusion avec un être. Jésus a dit : *« Tu aimeras le Seigneur, ton Dieu, de tout ton cœur, de toute ton âme, de toute ta force, de toute ta pensée. »* Dieu n'a pas besoin de notre amour, Il s'en passe très bien, mais nous, nous avons besoin de L'aimer, c'est notre intérêt. C'est pourquoi Jésus n'a pas dit de penser au Seigneur, mais simplement de L'aimer, parce que seules les créatures qui s'aiment peuvent s'accorder, s'unir.

Je vous dis la même chose en vous demandant de vous accorder chaque jour avec l'Intelligence cosmique, d'agir selon sa volonté, même si vous ne savez pas ce qu'elle exige de vous. Car c'est cela l'amour. Quand on aime quelqu'un on est toujours d'accord avec lui, sans même savoir ce qu'il demande ; on lui fait confiance et on met toutes ses énergies à le satisfaire.

25 juillet

Quand ils doivent entrer dans une mosquée, les musulmans ôtent leurs chaussures et les laissent à la porte. Eh bien, c'est ce que vous devez faire également avec vos ennuis, vos soucis : les laisser dehors pour un moment. Ensuite, vous les reprendrez en sortant si vous y tenez, pourquoi pas ?

Il y a des personnes… on a l'impression qu'elles ne peuvent pas vivre sans inquiétude, l'existence est intenable pour elles si elles ne se tourmentent pas. Mais qu'elles se rassurent, il y aura toujours des soucis et des chagrins pour elles, elles n'en manqueront pas. Pourquoi n'essaient-elles pas de temps en temps de les oublier ? Mais non, pour la majorité, la vie doit être faite de tracas, de heurts, de malentendus. La preuve : devant les conflits, les tragédies, ils disent : « Qu'est-ce que tu veux, mon vieux, c'est la vie ! » Eh bien non, justement, ce n'est qu'un degré inférieur de la vie, ce n'est pas la vraie vie. La vraie vie, on ne la connaît pas. On ne la connaît pas parce qu'on n'a pas compris qu'il y a un travail à faire pour goûter sa beauté, sa pureté, sa lumière.

26 juillet

Quand un homme a empiété sur le terrain du voisin, qu'il ne l'a pas payé exactement, qu'il lui a donné quelques coups ou dit des injures, toutes les lois sont contre lui et il est condamné. Mais si, par ses écrits, ses paroles ou son exemple, il a fait perdre la foi, l'espérance et l'amour à des milliers de personnes, s'il les a incitées à la débauche, à la violence, là, dans la majorité des cas, la justice le laisse tranquille.

Chacun est libre d'exprimer ses pensées et ses désirs, même les plus scabreux, sans se préoccuper des conséquences que cela peut avoir sur la destinée de certains êtres plus faibles, plus influençables. Des bijoux volés, des vitres cassées, ah ça, oui, c'est important. Mais des âmes et des esprits plongés dans le doute, la révolte et le désarroi, ce n'est pas grave pour la justice humaine. Et c'est ainsi que souvent les plus grands criminels se promènent librement !

27 *juillet*

*V*ous devez savoir que votre peau réagit au soleil d'une façon spéciale ; même à travers les vêtements elle reçoit les particules bénéfiques que le soleil envoie. Vous pouvez aussi prendre des bains de soleil nu, mais ce que vous recevrez ainsi dépendra de vos pensées et de vos sentiments.

La peau elle-même est neutre, elle peut tout laisser passer, le bon comme le mauvais. Ce qui oriente et détermine le travail de la peau, c'est la conscience, la pensée. D'après ce que vous avez dans la tête, la peau peut favoriser ou empêcher l'entrée de certains éléments. Si vos pensées sont pures, lumineuses et liées à Dieu, c'est comme si votre peau recevait un ordre supérieur de se mettre à travailler pour chasser les poisons et n'attirer que les particules et les énergies vivifiantes. Réalisée dans de bonnes conditions, cette communion avec les forces de la nature peut vous purifier physiquement et psychiquement.

28 juillet

*S*i vous voulez entrer dans la tête de quelqu'un pour connaître sa pensée, vous pouvez le faire, mais à condition que vos mobiles soient purs, désintéressés. Car en entrant ainsi dans la tête d'un être vous apportez tout ce qui est bon, mais aussi tout ce qui est mauvais en vous, et vous risquez de le troubler.

Vous ne pouvez donc le faire sans dégâts qu'avec des êtres tellement évolués, des Initiés, qui sont même capables de transformer les impuretés que vous leur apportez. Et d'ailleurs, ce n'est qu'à la condition d'éprouver un sentiment de respect et de dévotion que cet exercice d'entrer dans la tête d'un Initié peut être vraiment utile et bénéfique pour vous. Car c'est ce sentiment sacré qui vous permet de vibrer à la même longueur d'onde que lui, et grâce à cette consonance vous pouvez pénétrer dans le monde de sa pensée.

29 juillet

*L*e corps astral est en l'homme le siège de tous les sentiments, désirs, émotions et passions, et s'il n'est pas maîtrisé, il devient en lui comme une tumeur monstrueuse. C'est pourquoi Jésus a dit qu'il est plus facile à un chameau de passer par le chas d'une aiguille qu'à un riche d'entrer dans le Royaume de Dieu. Dans son désir d'amasser des possessions, le riche finit par avoir un corps astral tellement énorme qu'il ne peut entrer dans le Royaume de Dieu où l'on n'accepte que les êtres capables de détachement, de dépouillement. Tandis que le chameau, qui a dû apprendre la sobriété à cause des terribles conditions du désert, est le symbole de l'Initié qui se contente de très peu et qui est capable de traverser sans succomber les pires conditions de la vie.

On ne peut interpréter cette image du riche et du chameau qu'en comprenant que Jésus ne faisait pas allusion au corps physique, mais au corps astral. Voilà la preuve que si on ne connaît pas la structure de l'être humain, on ne peut pas interpréter correctement les Évangiles.

30 juillet

*N*e considérez jamais que les êtres que vous aimez vous appartiennent, sinon vous vous heurterez à de grandes contradictions parce qu'il arrivera toujours un moment où vous vous apercevrez qu'ils ne vous appartiennent pas. Alors, ou vous souffrirez, ou vous les ferez souffrir.

Qu'un homme ne s'imagine jamais que sa femme lui appartient : elle existait avant de le connaître et elle existera après lui. Avant lui, dans d'autres incarnations, elle a eu d'autres maris, et lui aussi a eu d'autres femmes. S'ils étaient ensemble depuis l'éternité il n'y aurait jamais de problèmes entre eux ; puisqu'ils sont souvent en désaccord, c'est qu'ils ne se connaissent pas, peut-être même se rencontrent-ils pour la première fois. Il est donc inutile de se faire des illusions ou de se tourmenter ; l'un et l'autre doivent se dire qu'ils sont des associés, qu'ils doivent travailler de leur mieux et être honnêtes, c'est tout. Et s'ils arrivent à créer entre eux de bonnes relations, de nouveau ils seront ensemble dans la prochaine vie.

31 juillet

*L*a confiance éveille ce qu'il y a de meilleur chez les êtres. Quand vous faites confiance à quelqu'un, vous l'encouragez dans la voie du bien : il se sent obligé de s'améliorer pour vous montrer que vous ne vous êtes pas trompé sur lui. Bien sûr, parmi ceux à qui vous ferez confiance, il s'en trouvera toujours quelques-uns pour vous trahir.

Mais ce n'est pas parce que quelques humains sont égoïstes, méchants, ingrats, que vous devez tous les mépriser, les détester et les rejeter définitivement. Si vous en arrivez là, c'est que vous êtes ignorant. Celui qui connaît la nature humaine, qui connaît les lois magiques continue, malgré les méchancetés et les trahisons, à vouloir éclairer les humains, à les aider et les rendre heureux.

1er août

L'intelligence de l'homme se développe quand il rencontre des difficultés, des obstacles, car pour les surmonter il doit observer, réfléchir, devenir perspicace. C'est pourquoi la nature a placé des difficultés un peu partout dans la vie pour développer l'intelligence de ses enfants. Mais voilà que ces enfants ne se développent pas, car au lieu de chercher à comprendre et à trouver des solutions, ils perdent leur temps et leurs énergies dans des pleurs, des plaintes, des colères et des énervements. Quand ils sont épuisés, évidemment, ils se calment, mais les difficultés sont toujours là. Les énergies sont parties mais les embêtements sont restés. Quelle drôle de méthode !

Je demande à quelqu'un : « Combien de temps avez-vous pleuré ? – Trois heures. – Et vous avez résolu le problème ? – Non. – Eh bien, la prochaine fois, contentez-vous de pleurer dix minutes. Puisque cela vous manquerait de ne pas pleurer, faites-le, mais pas plus de dix minutes, et une fois les dix minutes écoulées, stop, mettez-vous à réfléchir ! »

2 *août*

Il est important de faire la différence entre la véritable sensibilité et cette sensibilité maladive qu'il serait plus exact d'appeler susceptibilité ou sensiblerie. La véritable sensibilité est une faculté qui nous rend capables de nous élever très haut, très loin, et d'avoir accès à un monde de plus en plus subtil pour en saisir les réalités. La sensiblerie, elle, est une manifestation de la nature inférieure qui, se prenant pour le centre du monde, trouve toujours qu'on ne lui manifeste pas assez de considération, se sent frustrée, blessée et devient agressive. Quand on a vu cette distinction, on comprend qu'il y a tout un travail à faire sur la nature inférieure pour la maîtriser, la juguler : c'est la seule façon de permettre à la véritable sensibilité de s'épanouir, de s'enrichir.

La sensibilité n'est pas seulement cette faculté qui nous fait nous émouvoir, nous émerveiller devant les êtres que nous aimons, la beauté de la nature ou les œuvres d'art, elle nous ouvre aussi les portes de l'immensité, de la lumière, elle nous donne la compréhension de l'ordre divin des choses, elle nous permet de vibrer à l'unisson avec les régions, les entités et les courants du Ciel.

3 août

Ce sont les montagnes qui font le lien entre la terre et le ciel. Une grande sagesse a présidé à leur formation et décidé de leur emplacement qui n'est jamais dû au hasard. À chacune est attribuée une fonction déterminée, c'est pourquoi elles diffèrent toutes par la forme, le volume, la hauteur. Leurs sommets se dressent comme des antennes destinées à rayonner ou à capter des ondes de fréquences différentes, créant ainsi, chacun, les conditions favorables pour une activité particulière.

Le disciple doit monter sur la montagne pour communiquer avec le Ciel. Il doit le faire non seulement physiquement, mais spirituellement, et méditer longtemps pour comprendre ce que la montagne représente en lui, dans sa vie intérieure.

4 août

*L*a lumière est un esprit, un esprit qui vient du soleil... Chaque rayon est une force formidable qui va dans l'espace pénétrer toute chose et travailler sur elle. S'il y a un domaine à approfondir, c'est bien celui de la lumière : ce qu'elle est, comment elle travaille, et comment nous aussi nous devons travailler avec elle.

Celui qui abandonne la lumière pour s'occuper seulement de l'argent, des affaires, est un ignorant. Il ne sait pas que l'or qu'il cherche n'est en réalité rien d'autre qu'une condensation de la lumière. Oui, l'or est une condensation des rayons de soleil, ramassés, recueillis, travaillés par des êtres qui vivent sous la terre. Si vous faites tellement d'honneur à l'or, en négligeant la lumière, que se passe-t-il ? C'est comme si vous négligiez une princesse pour faire des avances à sa femme de chambre. Alors, évidemment, quand la princesse s'en aperçoit, elle vous ferme sa porte. Il faut donc tout d'abord aimer la lumière, l'or viendra ensuite, il vous suivra : quand vous sortirez avec la princesse, tous les autres seront derrière vous pour vous servir.

5 août

Les vérités qui n'avaient pas été encore bien acceptées dans le passé seront maintenant comprises, éclairées, et il s'y ajoutera même beaucoup de vérités nouvelles. Parce que rien ne reste stagnant, tout bouge, tout évolue. Et d'ailleurs, Jésus l'a montré, en donnant une nouvelle morale qui n'était pas celle de Moïse. À plusieurs reprises dans les Évangiles, il répète : « Il a été dit... mais moi je vous dis... » Par exemple : *« Il a été dit : tu ne tueras point. Mais moi je vous dis : Quiconque se met en colère contre son frère sera passible du jugement... Il a été dit : Tu aimeras ton prochain et tu haïras ton ennemi. Mais moi je vous dis : Aimez votre ennemi et priez pour ceux qui vous persécutent... »*

Donc, vous voyez, la morale qu'a apportée Jésus n'était plus la morale donnée par Moïse. Et maintenant, pourquoi ne pas aller encore plus loin ? Les chrétiens seront scandalisés parce qu'ils ne veulent pas qu'il y ait autre chose après Jésus ; d'après eux, on ne peut rien ajouter. Mais c'est le Christ lui-même qui vient ajouter d'autres vérités, parce que tout évolue.

6 août

*L*a plupart des gens sont convaincus qu'ils ne pourront pas s'épanouir s'ils ne parviennent pas à faire ce qui leur plaît. Et ils sont prêts pour cela à faire sauter toutes les règles, tous les « tabous », comme ils disent. Ils veulent être libres. Et quelle est cette liberté ? Celle de faire des folies, et même de se détruire. Car lorsqu'on se libère de la lumière, de la sagesse, de la raison, on souffre, c'est inévitable, et même physiquement on finit par tomber malade, car la maladie n'est rien d'autre que la manifestation dans le plan physique des désordres qu'on a laissés s'installer dans le plan psychique.

Vouloir renverser les préjugés et les règles d'une morale étriquée pour être enfin soi-même, ce n'est pas mauvais, au contraire. Mais il faut savoir qu'au-dessus des lois de la morale humaine, il existe des lois éternelles établies par l'Intelligence cosmique et, qu'on le veuille ou non, si on transgresse ces lois, on le paie par le chagrin, la souffrance et la maladie.

7 août

*L*e destin ne se laisse pas apitoyer, mais il n'est jamais cruel ; il est juste, c'est tout. Toutes les fautes que vous avez commises sont allées s'accumuler sur un plateau de la balance, mais si vous décidez de redresser votre vie, tout ce que vous ferez de bon ira peser sur l'autre plateau.

Alors, quand le moment viendra de payer pour les transgressions, vos bonnes pensées, vos bons sentiments, vos bonnes actions interviendront pour que le paiement soit moins lourd. Cela signifie donc aussi qu'il ne faut pas devenir fataliste, en disant : « Puisque mon destin est tel et tel, il n'y a rien à faire, il faut l'accepter. » Non. N'oubliez jamais ceci : le destin ne demande jamais l'étouffement et l'extinction de l'esprit. Au contraire, le destin est là pour nous obliger à éveiller l'esprit, à travailler avec l'esprit afin de nous créer une nouvelle destinée.

8 août

*A*u lieu de faire des efforts pour se perfectionner, les humains préfèrent protéger leur nature inférieure. Ils sont là au service de leurs faiblesses, de leurs désirs, de leurs caprices, ils n'essaient même pas de distinguer l'origine de leurs pensées, de leurs sentiments, de leurs désirs : il suffit qu'ils sentent s'éveiller ces pensées et ces sentiments à l'intérieur d'eux-mêmes pour y céder aussitôt. Et ensuite ils sont étonnés qu'ayant donné à toutes leurs impulsions la possibilité de se manifester, ils se sentent affaiblis et malheureux.

En réalité pour devenir puissant et heureux, il faut apprendre à se soumettre aux lois divines. Oui, contrairement à ce que la majorité des gens imaginent, c'est quand on obéit aux lois que l'on devient puissant et heureux, et non quand on s'oppose à elles. Quand on s'oppose aux lois divines, tôt ou tard on est brisé.

9 août

Il ne vous suffit pas d'avoir de temps à autre un moment d'inspiration, de lumière, pour donner un sens à votre vie ; vous devez aussi apprendre à faire durer ce moment afin qu'il devienne un état de conscience permanent qui purifie, ordonne et rétablit tout en vous. Vous direz : « Mais vous nous demandez là quelque chose d'impossible. Dans la vie on ne peut pas maintenir continuellement des états divins. »

Oui, en apparence vous avez raison, je le sais, je vis dans le même monde que vous et je sais comment ça se passe. Mais je sais aussi que, quoi qu'il arrive, malgré la fatigue, le découragement, les chagrins, les malheurs, le disciple de la lumière ne se laisse jamais détourner de son chemin, mais au contraire il s'accroche à ce qu'il a vécu de grand, de beau, à ces expériences qui lui ont donné, dans certains moments privilégiés, le véritable sens de la vie.

10 août

Ce que l'on appelle généralement anarchie ne doit pas être obligatoirement considéré comme mauvais. Non, l'anarchie est l'état d'un être qui veut mener sa vie comme il l'entend et ne pas se soumettre à l'ordre établi. Que cet ordre soit bon ou mauvais, il veut vivre d'après ses conceptions à lui, et il se peut que ses conceptions soient supérieures à celles de cet ordre établi. La société le considère comme un anarchiste, mais s'il aspire à plus d'amour, plus de fraternité et plus de justice, vis-à-vis du Ciel, il n'est pas un anarchiste.

D'après les Initiés, seul est anarchiste celui qui ne reconnaît pas l'ordre divin, l'existence d'un Maître de l'univers, d'entités et de forces supérieures, de règles auxquelles il doit se soumettre. Il se peut qu'il soit tout à fait d'accord avec une société de millions d'hommes qui n'ont aucune vie spirituelle, mais vis-à-vis de l'Intelligence sublime il est un anarchiste, parce qu'il transgresse ses lois.

11 août

*V*ous assistez le matin au lever du soleil pour recevoir des fruits de l'espérance. Oui, combien de fois, par sa lumière, sa chaleur et sa vie, le soleil vous a donné à manger, à boire de l'espérance. C'est dommage que vous ayez souvent abandonné cette espérance pour le découragement. Si vous ne l'aviez pas abandonnée, si vous n'aviez pas eu tellement de doutes et d'hésitations, vous auriez obtenu de bien meilleurs résultats.

Pourquoi ne pas avoir des pensées qui nourrissent votre esprit ? Si vous n'essayez pas de sortir de la triste réalité par laquelle vous vous sentez assailli, vous allez réellement être étouffé. Il faut changer quelque chose, au moins intérieurement, en vous disant : « Les difficultés, les souffrances ne durent pas. Je suis fils de Dieu, je suis fille de Dieu, et Dieu prépare pour moi la beauté, la lumière, la splendeur. »

12 août

Si vous fuyez devant certains efforts, certains travaux qui vous sont imposés par la vie, vous n'arriverez jamais à vous développer. Certains trouvent que la vie devient difficile dans leur famille ou leur travail, et ils les quittent… D'autres fuient toutes les responsabilités… Eh bien, justement, fuir n'est pas recommandé. Si la destinée vous a placé dans certaines conditions, il y a des raisons à cela.

Face aux obstacles du monde extérieur, il faut devenir costaud, comme les sportifs que l'on voit s'entraîner à supporter le froid, la chaleur, la fatigue, les privations, la faim… ou comme les navigateurs qui arrivent à vaincre les courants contraires, à supporter les intempéries, à affronter de grands dangers. Il est conseillé d'être comme eux, de s'entraîner à résister, à tenir bon. Évidemment, s'il arrive le moment où vous voyez que vous ne pouvez plus supporter la situation, sauvez-vous… Mais dès que possible revenez à nouveau pour faire face… Jusqu'à ce que vous soyez devenu vraiment solide et fort.

13 août

Il y a quelques siècles chaque pays était divisé en duchés, principautés ou petits royaumes qui étaient continuellement en guerre, jusqu'au jour où, grâce à une plus grande lumière, à un élargissement de la conscience, chacun est arrivé à comprendre qu'il était plus avantageux de s'unir. De la même façon, il faut qu'apparaisse un jour dans le cerveau humain une lumière, une intelligence qui arrive à convaincre toutes les cellules des organes que, pour devenir vraiment puissantes et riches, il est nécessaire qu'elles soient unies.

Les maladies sont la plus grande preuve que l'anarchie et le désordre règnent dans l'organisme humain, que la lumière et l'intelligence n'ont pas encore pénétré dans chaque organe, chaque cellule. C'est l'homme qui, par son ignorance, a permis au désordre de s'installer. Mais désormais, pour l'intérêt commun, il doit arriver à harmoniser ses cellules, à les faire vibrer à l'unisson. Ainsi, tous les organes obéiront sagement et intelligemment, ils travailleront ensemble avec amour, et ce sera l'abondance et le bonheur pour tous.

14 août

*P*our qu'un être s'incarne sur la terre, il faut que toute la création consente à sa venue. Si elle lui refuse seulement quelques éléments, il meurt. Cela vous étonne ? Eh bien, réfléchissez. Regardez comment les choses se passent dans un pays, ou une administration, ou une famille. Il y a des personnes qui calculent le budget, fixent les dépenses (combien consacrer à l'éducation, à la défense, à la sécurité sociale...), qui décident quelles économies il faut faire, quelles personnes il faut embaucher, licencier ou garder... quelles sommes sont nécessaires à la nourriture, au chauffage, à l'entretien... Et alors, quand il s'agit de l'arrivée d'un être sur la terre, vous croyez que personne ne l'a décidée ni approuvée ?

Dans une famille, dans une ville, dans un pays tout se fait d'après des calculs, des plans, des budgets, et dans l'univers tout se ferait sans réflexion, par hasard ? Vraiment, l'ignorance humaine est insondable ! Là-haut aussi les êtres invisibles comptent combien d'hommes doivent descendre sur la terre, le nombre d'années qu'ils doivent y rester... Oui, et c'est toute une économie dont vous ne pouvez même pas avoir une idée.

15 août

*L*a tradition chrétienne représente l'homme accompagné tout au long de sa vie d'un ange et d'un démon, l'ange se tenant à sa droite et le démon à sa gauche. L'ange lui donne de bons conseils, l'éclaire, tandis que de l'autre côté, le démon veut l'induire en erreur pour qu'il devienne sa victime.

On peut se demander pourquoi l'ange et le démon se contentent de rester tranquillement auprès de l'homme, pourquoi ils ne se prennent pas à la gorge... Ce serait plus simple, et celui qui remporterait la victoire s'emparerait de ce pauvre bougre. Mais voilà que non, ils ne se battent pas, ils se respectent, ils s'estiment, ils se saluent même : « Bonjour, te voilà, comment vas-tu ? » Le diable n'attaque pas l'ange de la lumière, et l'ange non plus ne le foudroie pas. Pourquoi ? Parce qu'en réalité l'ange gardien et le diable sont des images qui expriment ces deux réalités d'un monde supérieur et d'un monde inférieur entre lesquels se trouve l'homme, avec ses deux natures – la nature divine et la nature animale – qui coexistent en lui, et c'est à lui de décider à laquelle des deux il veut donner la possibilité de se manifester.

16 août

Il faut comprendre une fois pour toutes que les conditions ne sont jamais déterminantes. Lors d'événements qui touchent la collectivité, par exemple, on constate que les mêmes épreuves n'affectent pas les humains de la même façon. Pourquoi ? Parce qu'ils ne les affrontent pas avec le même état de conscience. Et pendant que les uns, n'ayant pas une bonne compréhension, deviennent peu à peu aigris, vindicatifs, ou bien se laissent complètement écraser et empoisonnent la vie des gens autour d'eux, les autres au contraire se renforcent, s'enrichissent et, grâce à leurs expériences, peuvent ensuite aider leur entourage par leurs conseils, leur attitude, leur rayonnement, les forces qu'ils dégagent.

Cela prouve bien que les conditions ne sont pas tout. Bien sûr, on ne peut pas les ignorer ou les négliger tout à fait, mais pour progresser il faut savoir que beaucoup de choses dans la vie ne dépendent que de nous, de notre façon de les considérer, et que le bonheur et le malheur sont des états tout à fait relatifs.

17 août

Un homme et une femme qui s'aiment sont comme deux récipients, et s'ils n'ont pas l'habitude de se lier à la Source, ils finiront par épuiser le contenu l'un de l'autre. Et une fois qu'il n'y a plus rien, que peut-on faire sinon se rejeter ? Pensez donc que votre partenaire est un être précieux, unique, et qu'il dépend de vous de le rendre vivant, beau et riche à condition de le lier à la Source divine, au Père céleste, à la Mère divine, au soleil, aux anges, aux archanges, à tous les Maîtres de l'humanité.

L'amour vous donne toutes les possibilités ; mais si vous n'êtes pas éclairé, si au lieu de lier l'être que vous aimez avec le Ciel, vous vous accrochez à lui, vous lui prenez ses énergies. Avec le temps vous vous apercevez que cet être périclite, et vous l'aimez moins. Mais à qui la faute ? Pourquoi ne l'avez-vous pas lié au Ciel ? Maintenant vous êtes inquiet, vous vous posez des questions à son sujet, et pourtant c'est très simple, c'est vous qui n'avez pas su le brancher aux régions supérieures, le projeter très haut pour qu'il puisse boire et respirer… Et lui doit faire la même chose avec vous. À ce moment-là vous n'êtes plus de simples récipients, vous êtes l'un pour l'autre une source.

18 août

*L*a majorité des gens sont habitués à ne compter que sur des éléments extérieurs à eux : des appareils, des machines, des médicaments. Ils ne pensent pas tellement à utiliser les dons et les facultés que le Créateur a placés en eux.

Et même quand ils rencontrent un Maître, ils ont exactement la même attitude. Au lieu d'apprendre, grâce à lui, à développer leurs facultés spirituelles, ils vont compter sur leur Maître pour qu'il fasse tout à leur place : c'est le Maître qui doit les instruire, les purifier, les guérir, trouver les solutions à tous leurs problèmes, les rendre heureux et riches. Oui, cette attitude de tout attendre de l'extérieur est tellement répandue que même les spiritualistes l'ont adoptée. Dans un Maître ils cherchent un bonhomme qui viendra les dépanner, les sauver, et surtout qui se chargera de tous leurs fardeaux. Eh oui, un bourricot, quoi ! Analysez-vous et vous verrez si ce n'est pas vrai…

19 août

*M*éditez sur le sacrifice de l'eau si transparente, si innocente, qui descend sur la terre pour se charger de toutes les impuretés des créatures. Si vous vous salissez un peu en voulant aider les autres, ne vous inquiétez pas : vous aurez toujours la possibilité comme l'eau de vous fondre un jour dans l'océan qui, lui, ne peut être sali.

Si vous vous plaignez d'être souillé, volé, diminué, c'est tout simplement parce que vous vous sentez petit comme un étang, ou même pire, comme une flaque. Ne vous identifiez pas à l'étang, identifiez-vous à l'océan, vous sentirez que rien ni personne ne peut vous salir. Et puis, le moment viendra où vous serez saisi par les rayons du soleil spirituel qui s'occuperont de votre purification. En vous élevant dans l'espace, vous abandonnerez les éléments impurs que vous avez absorbés sur votre route.

20 août

*L*e désir de sauver quelqu'un ne suffit malheureusement pas. Pour sauver un alcoolique, un malade mental, il faut un savoir, des méthodes, sinon c'est lui qui sera le plus fort, et non seulement il ne changera pas, mais il vous détruira. Combien de fois il est arrivé que des femmes qui avaient voulu se sacrifier pour sauver un homme de la boisson aient fini par mourir de chagrin ! Leur mari passait les nuits au bistrot, et au retour il les battait…

Ce n'est pas si facile de sauver quelqu'un ; il faut être très fort pour résister et continuer jusqu'à la victoire. On ne doit donc pas surestimer ses capacités, mais s'analyser, prendre la mesure de ses forces et dire : « Je voudrais sauver cet être, mais je n'en ai pas les moyens. » Vous vous adressez alors à un être plus puissant que vous, un ange ou un Initié, vous suppliez le Ciel en faveur de cette malheureuse créature que vous aimez, mais vous, protégez-vous, sinon vous serez, vous aussi, entraîné dans sa ruine.

21 août

*L*orsqu'une bouteille est déjà pleine, comment ferez-vous pour y introduire encore du liquide ? Vous ne pourrez pas, il faut d'abord la vider. Il en est de même de l'être humain : s'il ne se vide pas de ses vices et de ses habitudes pernicieuses, comment les vertus et les qualités divines pourront-elles venir s'installer en lui ? Il est déjà plein, et il faut qu'il se vide. C'est là le sens du renoncement : renoncer, c'est se vider, abandonner certaines habitudes préjudiciables à soi-même et aux autres pour pouvoir introduire quelque chose de nouveau à la place.

Ceux qui ont compris le sens du renoncement savent qu'ils le font pour eux-mêmes, afin de créer en eux un vide où les qualités divines pourront s'introduire. Tant que l'homme ne comprend pas cela, il se dit : « Si je renonce à boire, à chaparder, à tromper, à séduire les femmes, je serai trop malheureux. » Non, au contraire, parce que s'il arrive à faire ce sacrifice, ces plaisirs minuscules seront remplacés par des plaisirs beaucoup plus grands et d'une meilleure qualité.

22 *août*

*E*xercez-vous désormais à surmonter vos antipathies et à ne plus vous imaginer que vos sympathies sont quelque chose d'absolu qu'il faut suivre aveuglément. Dans la Fraternité Blanche Universelle, où nous avons pour idéal de former sur toute la terre une famille vivant dans la paix et l'harmonie, vous devez donner l'exemple.

Même si quelqu'un vous déplaît, simplement parce que vous êtes dans la Fraternité et que vous suivez cet idéal, vous devez vous montrer compréhensif. En faisant ces efforts, c'est vous qui gagnez, car vous arrivez à vaincre en vous la nature inférieure qui cherche toujours à vous entraîner dans des complications, des malentendus et des luttes. Au moment où vous y parvenez, vous entrez dans un monde d'harmonie et de lumière, et bientôt vous constatez que tout change, car tous ceux que vous regardiez avant avec froideur et hostilité sentent que votre regard a changé et ils commencent à vous aimer.

23 août

*L*a souffrance est liée à la sensibilité. Plus un être devient sensible, plus il souffre, mais il est préférable de souffrir et d'être sensible que de ne pas souffrir et d'être comme une pierre. Il faut être sensible, mais ne pas sombrer dans la sensibilité maladive, la sensiblerie. Beaucoup n'ont aucune lumière sur cette question, ils ont peur d'être sensibles et ils deviennent comme des pierres. Non, il est préférable de passer par les souffrances et d'augmenter les degrés de sa sensibilité, parce que c'est le degré de la sensibilité qui détermine la grandeur, l'élévation de l'être humain.

D'après les Initiés, être sensible, c'est être capable de sentir de plus en plus la beauté, la splendeur, la richesse du Ciel, de mieux capter les merveilles du monde divin et de ne plus tellement sentir la méchanceté et la stupidité de certaines créatures. Les grands Maîtres, et, au-dessus d'eux les Anges, les Archanges, ne souffrent plus de la laideur, ils ne la voient plus ; ils ne voient que la beauté et ils sont sans cesse dans la joie.

24 août

N'oubliez jamais que votre véritable avenir, votre prédestination lointaine, c'est de devenir comme Dieu Lui-même. Si vous oubliez cette sagesse, cette lumière, ne soyez pas étonné de trouver toujours les déceptions, les amertumes et le désespoir. Et après, évidemment, vous donnerez du travail aux médecins.

Il y a tellement de gens qui sont arrivés jusqu'au bord des précipices ! On dit qu'ils sont dépressifs, neurasthéniques, névrosés… car les épithètes scientifiques ne manquent pas ! Mais, en réalité, il s'agit toujours de la même maladie : l'oubli de la véritable nature de l'homme, de son essence divine et de sa prédestination finale, le retour dans le sein de l'Éternel. C'est pourquoi accrochez-vous chaque jour à la pensée de cet avenir lumineux.

25 août

Certaines personnes entreprennent d'assumer le rôle de guide spirituel, sans se rendre compte qu'elles n'ont pas les vertus nécessaires : la sagesse, l'amour, la pureté, le désintéressement, la patience… Elles ne savent pas que, tant qu'elles n'ont pas reçu l'approbation du Ciel, il est très dangereux pour elles de prendre sur leurs épaules cette tâche écrasante.

Pour assumer la tâche de guide spirituel, il faut avoir reçu un diplôme. Oui, dans le monde spirituel aussi on reçoit des diplômes : les esprits lumineux qui nous ont envoyés sur la terre nous observent, nous mesurent, et s'ils voient un être qui a réussi à se maîtriser et à corriger certains de ses défauts, ils lui remettent un diplôme qui lui donne à son tour le droit d'enseigner. Et où est ce diplôme ? En tout cas ce n'est pas un papier qui peut être effacé ou détruit : c'est comme un sceau imprimé sur le visage et sur tout le corps, qui fait partie de l'homme lui-même et qui montre qu'il a remporté des succès par son travail spirituel. Les humains ne le voient peut-être pas, mais tous les esprits de la nature, tous les esprits lumineux le voient de loin, et alors ils accourent pour l'aider dans sa tâche.

26 août

*V*ous devez prendre conscience des effets que produisent dans le monde invisible vos états psychiques bons ou mauvais. Si vous ne le faites pas, tant pis pour vous, un jour vous serez obligé de constater tous les dégâts que vous avez commis. Quand vous arriverez de l'autre côté et qu'on vous dira : « Regarde, par ta faute ce crime a été commis, cet accident s'est produit », vous aurez beau protester que vous n'avez jamais fait tout ce mal, que vous n'avez jamais volé, que vous n'avez jamais tué, on vous répondra : « Oui, peut-être, mais tes pensées et tes sentiments ont influencé d'autres personnes qui, à cause de toi, ont fait ce mal. »

On n'est pas seulement responsable de ses actes, on est également responsable de ses pensées et de ses sentiments, car ils agissent dans le monde invisible comme des forces capables d'entraîner les êtres vers le bien ou vers le mal.

27 août

Quand un homme ou une femme manifeste un don pour les arts ou les sciences, tous sont émerveillés, tous l'apprécient, l'invitent, l'embrassent. Ils ne s'occupent pas de savoir s'il est bon, juste, honnête, généreux. Non, le talent, c'est tout ce que l'on regarde et que chacun essaie donc de cultiver. C'est pourquoi la terre est maintenant peuplée de gens capables, talentueux, c'est formidable, ça pullule !

Mais pourquoi toutes ces capacités, tous ces talents, tous ces génies ne peuvent-ils pas sauver le monde ? Tout va même de plus en plus mal… Mais on accepte cette situation. Quelqu'un a des capacités, c'est cela qui compte. Qu'intérieurement ce soit le désordre, la laideur, la pourriture qui règnent, ça n'a aucune importance. Comme tous savent que c'est ainsi, ils ne se préoccupent que de développer les talents qui seront appréciés par les autres, même si ces talents doivent contribuer à la désagrégation de l'humanité.

28 août

*L*a Fraternité existe pour que nous puissions tous ensemble, collectivement, demander le Royaume de Dieu. Bien sûr, chacun peut le demander seul, de son côté ; mais seul on n'est pas capable de produire des effets aussi puissants, ou alors il faut connaître d'autres lois. Celui qui est seul doit savoir que dans sa solitude il ne fera jamais rien, et que par la pensée il doit rejoindre toute cette collectivité d'êtres dispersés dans le monde qui ne cessent de travailler dans le même sens, pour le Royaume de Dieu. Si on ne peut pas toujours être avec les autres, il faut au moins se lier à eux par la pensée.

Pourquoi rester toujours isolé ? Même pour faire un enfant il faut sortir de cette solitude stérile, et trouver quelqu'un d'autre qui s'appelle une femme… ou un homme. Mais les humains n'ont rien compris. « Moi tout seul… je veux rester tout seul ! » Bon, eh bien, reste seul et tu récolteras la stérilité, une abondance de stérilité ! Pour trouver le Seigneur, on ne peut pas rester seul, on doit s'unir avec tous les êtres évolués dans l'univers qui sont en train de penser à Lui.

29 août

Les plantes, les animaux et les hommes sont imprégnés par l'énergie solaire mais ils ne reçoivent cette énergie qu'une fois qu'elle a été absorbée, transformée et redistribuée par la terre. De ce point de vue, la terre est tout aussi importante que le soleil.

Ne pensez pas que lorsque vous vous exposez au soleil vous recevez directement ses rayons, car avant de vous toucher, ces rayons ont dû traverser l'atmosphère de la terre, et c'est parce que l'atmosphère de la terre les a transformés que vous avez pu les capter et les absorber. C'est pourquoi il est important pour vous d'être toujours en harmonie avec la terre, de la respecter, de l'aimer. Sinon, même en vous exposant au soleil, vous ne retirerez pas tellement de bienfaits de sa lumière et de sa chaleur.

30 août

Quand des alpinistes entreprennent l'ascension d'un sommet, ils ne demandent pas au guide qui les conduit de se retourner pour les regarder. Eh bien, la vie spirituelle est comme l'ascension d'un haut sommet, et vous ne devez pas demander à votre Maître de se retourner. Car c'est là qu'est votre sauvegarde : dans le fait qu'il ne se retourne pas. S'il se retourne pour vous regarder, vous écouter, il fera un faux pas et toute la cordée va dégringoler.

Dans la plaine, dans la vie ordinaire, c'est différent, mais quand on est en train d'escalader une montagne, les règles sont plus strictes. Vous devez même prier le Ciel que votre Maître ne regarde personne pour qu'il puisse conduire toute la cordée jusqu'au sommet. Oui, voilà pourquoi vous devez prier, au lieu de vous concentrer sans cesse de toutes vos forces pour l'obliger à se retourner vers vous, à s'occuper de vous, sans penser que, s'il le fait, ce sera la perte pour tous. Vous voyez, on ne sait pas encore comment considérer un Maître.

31 août

*U*ne idée est une créature, un être vivant qui vient du monde de l'esprit, et cet être vivant fait un travail sur vous. Tant que vous la maintenez, tant que vous la nourrissez, l'idée vous façonne, elle vous modèle au point qu'un jour vous arrivez à refléter ce monde sublime où elle a son origine, le monde des archétypes où demeurent ces créatures qui justement s'appellent les Idées.

C'est pourquoi il est tellement important de travailler pour une idée divine : cette idée tire d'elle-même toutes les possibilités de vous modeler, vous améliorer, et un jour vous devenez citoyen de ce monde des Idées. Il faut travailler pour une idée afin d'avoir un lien avec le monde supérieur. Lorsqu'il n'y a plus d'idées qui travaillent sur vous comme des abeilles pour vous apporter toutes les bénédictions, vous êtes privé de tout ce qui existe de meilleur.

1er septembre

Habituez-vous à avoir une attitude intérieure correcte vis-à-vis des situations et des événements de l'existence. Par exemple, au moment où vous subissez un échec, pourquoi réagir comme si vous aviez tout perdu, comme si le monde entier s'écroulait ? Essayez au contraire de prendre conscience de tout ce que vous possédez encore : la santé, une famille, des amis… et remerciez le Ciel pour cette richesse. Imaginez ce que cela peut être que d'être paralysé ou privé de maison, de nourriture, de parents…

Alors, au lieu de souffrir toujours de ce qui vous manque, apprenez à vous réjouir de ce que vous avez. Que vous soyez chagriné un moment pour une vexation, une déception, un insuccès, bon, c'est normal. Mais vous êtes inexcusable de rester là à ruminer vos chagrins en oubliant toutes les raisons que vous avez d'être heureux et reconnaissant. Secouez-vous, mon Dieu, sinon il arrivera un jour où vous ne pourrez plus vous débarrasser de cette tendance au découragement et vous serez écrasé.

2 septembre

*L*a situation d'un Maître est très compliquée. Son travail est d'aider le disciple à libérer son esprit : car son esprit est comme un roi qui s'est laissé détrôner par des sujets révoltés, et maintenant le roi est enfermé dans un cachot et le royaume est livré à l'anarchie.

Malheureusement, bien qu'il se sente dépossédé, brimé, le disciple ne comprend pas toujours l'aide que veut lui apporter son Maître : il a l'impression que par ses conseils, par son attitude, le Maître veut limiter sa liberté. Alors, que doit faire le Maître ?… Attendre patiemment que le disciple comprenne la nature de son travail. Ce que le Maître veut limiter en lui, ce sont les manifestations de sa nature inférieure, les instincts, les passions qui ont fini par réduire au silence sa nature supérieure, son esprit. Et si, au lieu de comprendre que le Maître ne veut que son bien, le disciple pense qu'il fait tout pour l'entraver, le tourmenter, le chagriner, c'est tout simplement parce qu'il ne sait pas encore où est son vrai bien. Comme les enfants, ce disciple aime les bonbons et celui qui les lui offre. Et voilà que le Maître lui propose de la quinine…

3 septembre

Pour résoudre ses problèmes, l'être humain possède en lui-même des facteurs extrêmement efficaces : la pensée, la volonté, l'imagination… Mais comme il est habitué à n'avoir recours qu'à des moyens extérieurs, évidemment ces facultés ne se développent pas. Combien de gens disent : « La pensée, la pensée… mais j'ai essayé et il n'y a pas de résultats ! » Pourquoi ?… Supposez que vous vouliez remédier par la pensée à une faiblesse physique ou psychique : pour la former, vous avez peut-être mis des siècles, plusieurs réincarnations ; alors comment pouvez-vous imaginer qu'en vous décidant maintenant à vous concentrer dessus pendant deux ou trois minutes, vous allez vous en débarrasser ? Peut-être faut-il de nouveau des siècles !

Il existe une justice dans l'univers et lorsqu'on n'a cessé d'accumuler des erreurs, beaucoup de temps et d'efforts sont nécessaires pour les réparer. En réalité la meilleure solution est de joindre les moyens extérieurs aux moyens intérieurs pour accélérer les choses ; mais il faut commencer à travailler tout d'abord avec l'âme, l'esprit, la pensée, et ajouter ensuite s'il le faut un élément physique pour faciliter le processus.

4 septembre

*L*e Ciel regarde qui vous servez. S'il voit que vous servez votre propre dieu, votre égoïsme, votre nature inférieure, il se détourne de vous. Il ne distribue pas sa richesse à des gens qui ne pensent qu'à vivre leur vie de malhonnêtetés et de plaisirs. Et si le Ciel vous abandonne, qui vous aidera, qui vous sauvera ? Votre argent ? Votre gloire ? Votre célébrité ?

Pour le Ciel, il existe seulement deux catégories d'êtres : ceux qui travaillent uniquement pour eux, pour assouvir leurs propres désirs, et ceux qui font des efforts pour aider leurs frères, pour participer au travail de milliards et de milliards d'entités, dans le monde invisible, qui se sont attelées à la réalisation du Royaume de Dieu sur la terre. Ceux-là sont inscrits dans le grand Livre de la Vie comme des bienfaiteurs de l'humanité et le Ciel ne les abandonne jamais.

5 septembre

***D**ans l'être humain, le principe masculin, le père, est représenté par l'intellect ; le principe féminin, la mère, est représenté par le cœur… Et l'union du principe masculin et du principe féminin donne naissance à l'enfant : l'action. Toutes nos actions sont le fruit de nos pensées et de nos sentiments. On rencontre des personnes très actives dont l'intellect et le cœur ne sont pas tellement développés, mais chez elles aussi l'action est nécessairement l'enfant de l'intellect et du cœur, ou plutôt de l'absence de lumière dans leur intellect et de l'absence de chaleur dans leur cœur. Agir avec intelligence et sensibilité, ou étourdiment et sans aucun sentiment, c'est toujours donner naissance à une activité qui est le fruit de l'intellect et du cœur. La nature de l'enfant dépend du degré d'évolution et de culture des parents.

Lorsque nos pensées sont bonnes et que nos sentiments sont bons aussi, nos actes, qui sont la conséquence de la sagesse de notre intellect et de l'amour de notre cœur, sont des actes constructifs. La puissance de notre action est la conséquence d'une liaison correcte entre la sagesse et l'amour.

6 septembre

L'esprit est le principe créateur par excellence. Tout ce qui existe est sorti de l'esprit et est animé par l'esprit, mais tout n'est pas esprit. Notre corps, par exemple, possède quelque chose de l'esprit, mais il est loin de posséder tous les pouvoirs et les qualités de l'esprit. Pour qu'il soit de plus en plus imprégné par les éléments de l'esprit, c'est à nous de faire un travail.

Quand nous mangeons, par exemple, nous devons faire en sorte que l'esprit participe à cet acte, afin qu'il imprègne la nourriture et pénètre ainsi notre propre matière. La nourriture contient la vie, mais elle ne possède pas encore l'esprit. C'est à nous, quand nous mangeons, de nous concentrer sur la nourriture pour que l'esprit intervienne, car sa présence apportera des éléments si nouveaux, que tout en nous sera transformé, embelli, ressuscité.

7 septembre

T*outes* les pensées que vous formez, les plus faibles, les plus insignifiantes soient-elles, sont une réalité. On peut même les voir, et il y a des créatures qui les voient. La pensée est un être vivant. Évidemment, dans le plan physique, on ne peut ni la voir agir, ni la saisir, mais dans sa région, avec les matériaux subtils dont elle est formée, elle est un être vivant et agissant. L'ignorance de cette vérité est la cause de beaucoup de difficultés et d'épreuves.

Les humains ne voient pas, ne sentent pas que la pensée travaille, qu'elle construit ou détruit, ils se permettent de penser n'importe quoi, et ensuite ils sont étonnés de ce qui leur arrive. La pensée est une réalité vivante, c'est pourquoi vous devez vous surveiller pour n'émaner et ne projeter que les meilleures pensées, des pensées pleines d'amour, de bonté, de lumière, d'harmonie. Le vrai savoir commence là : dans la conscience que la pensée est une réalité.

8 septembre

*A*utant il est vrai que les humains ont besoin d'instructeurs afin de ne pas errer à l'aventure, autant il est vrai aussi qu'une fois instruits et éclairés, c'est à eux de travailler et de faire leurs expériences.

Prenons un exemple très simple. Vous avez la recette d'un plat qui vous a été donnée par un excellent cuisinier et vous avez aussi tous les ingrédients achetés dans les meilleurs magasins ; si vous ne vous décidez pas à aller dans votre cuisine pour préparer ce plat, vous n'aurez rien à manger. Et si vous continuez longtemps comme ça, vous finirez par mourir de faim. Il en est de même dans la vie spirituelle. Une fois que vous avez trouvé le chemin et que vous avez devant vous les meilleurs exemples, vous ne devez compter que sur vous-même ; les acquisitions des autres restent aux autres, c'est à vous maintenant de faire vos propres acquisitions.

9 septembre

*V*ous ne trouverez le sens de la vie qu'en vous décidant à participer à la réalisation du Royaume de Dieu et de sa Justice. Car là, quoi qu'il vous arrive, vous savez que vous êtes un ouvrier dans le champ du Seigneur et vous vous sentez comblé, heureux, soutenu, car vous participez à un immense travail. Vous n'êtes pas seul, vous n'êtes pas abandonné.

Chacun de vous peut trouver dès aujourd'hui le sens de la vie car, dès aujourd'hui, au lieu de travailler pour lui-même, pour la satisfaction de ses besoins, il peut dire : « Désormais, je veux travailler pour le Royaume de Dieu et sa Justice. » Et même si vous êtes inconnu sur la terre, votre nom est écrit dans le Livre de la Vie et vous êtes comblé par les bénédictions du Ciel. Rien n'est plus glorieux que de s'engager dans ce travail. Oui, il faut aller toujours plus loin, avoir des aspirations toujours plus larges, plus vastes : c'est cela véritablement qui donne un sens à la vie.

10 septembre

*N*e vous identifiez jamais à votre corps physique, sinon c'est l'idée de la mort qui prendra le dessus. Le corps est vulnérable, il s'affaiblit, il tombe malade et meurt, et si vous vous identifiez à lui, si vous ne cherchez rien au-delà de lui, toute la vie vous resterez faible, maladif, obscur, jusqu'à disparaître. Identifiez-vous à votre esprit, car l'esprit est puissant, lumineux, indestructible, immortel, et grâce à cette identification vous commencerez à devenir comme lui, invulnérable. Voilà l'avantage d'adopter une philosophie spirituelle. Tout est là, dans la façon de comprendre.

Malheureusement depuis des siècles on nourrit les humains avec des conceptions qui les affaiblissent, les anéantissent, et on appelle cela l'éducation ! Il faut remplacer ces vieilles idées par d'autres idées, nouvelles, qui donnent la vie, la puissance, la force, l'élévation, afin que nous nous approchions de plus en plus de la Divinité.

11 septembre

Il y a un conte bulgare qui a pour titre « Tsar Troïan ». C'est l'histoire d'un roi qui, un matin, en se réveillant, découvrit qu'il avait des oreilles de bouc. À partir de ce jour-là, bien sûr, il fit tout pour les cacher et personne ne savait rien, excepté son barbier qui le rasait tous les jours et qui avait promis de ne rien dire. Mais il était difficile pour lui de garder un secret pareil, et un jour, n'y tenant plus, il alla dans la forêt, se coucha, et confia son secret à la terre : « Tsar Troïan a des oreilles de bouc ». Enfin, soulagé, il rentra chez lui. Quelque temps plus tard un arbre poussa. Cet arbre était bizarre ; les enfants fabriquaient des sifflets avec le bois de ses branches, mais quand ils sifflaient, on entendait ces paroles : « Tsar Troïan a des oreilles de bouc ! Tsar Troïan a des oreilles de bouc ! » Le roi finit par l'apprendre ; il appela le barbier qui essaya de se disculper en disant qu'il n'avait confié ce secret qu'à la terre. Oui, sans doute, mais à la terre non plus il ne fallait rien dire.

C'est ce conte initiatique que l'on retrouve en Grèce dans la légende du roi Midas qui avait, lui, des oreilles d'âne. Il montre que tout s'enregistre et se transmet. On dit aussi que les murs ont des oreilles… Chaque pensée, chaque sentiment s'enregistre d'abord sur vous-même, mais aussi sur tout ce qui vous entoure, et peut donc être un jour connu de tous.

12 septembre

C'est sur la terre que se fait véritablement l'évolution de l'homme, pas ailleurs. Même celui qui, à cause de ses crimes, est allé souffrir longtemps en enfer, doit revenir sur terre pour réparer le mal qu'il a fait. Car il ne suffit pas de souffrir, la souffrance n'est pas une réparation pour le mal que l'on a commis.

Puisque c'est sur la terre qu'on a commis des crimes, c'est sur la terre qu'il faut venir réparer. Ce n'est d'ailleurs qu'à cette condition que la réincarnation a un sens. Sinon, pourquoi devrait-on redescendre sur la terre puisqu'on a déjà expié ses fautes dans le plan astral*? En réalité il existe une loi d'après laquelle l'homme doit réparer ses erreurs dans toutes les régions de l'univers où ces erreurs ont produit des dégâts.

* Voir note et schéma, p. 390 et p. 391.

13 septembre

*L*es sacrifices d'animaux dont parlent la Bible et les Livres sacrés de toutes les religions s'expliquent par cette connaissance qu'avaient les Anciens concernant la libération des énergies et leur utilisation comme support dans les cérémonies magiques. Lorsqu'il est écrit dans l'Ancien Testament que l'odeur des victimes était agréable aux narines du Seigneur, c'était une façon de dire que les énergies libérées par le corps des animaux et utilisées par les prêtres, rendaient leurs invocations efficaces. Ce qui est d'ailleurs aussi, depuis des siècles, le rôle symbolique donné à l'encens.

Puis Jésus est venu et il a voulu amener les humains vers une conception supérieure du sacrifice. Au lieu d'immoler de pauvres animaux qui n'ont rien fait de mal, il leur a appris à immoler leurs animaux intérieurs : leurs convoitises, leurs passions, etc., car le sacrifice de ces animaux-là libère des énergies encore plus précieuses qu'il est possible d'utiliser pour le travail spirituel.

14 septembre

Quelqu'un se plaint à moi : « Vous nous parlez du monde divin, des entités lumineuses avec lesquelles nous pouvons entrer en contact par la pensée. Mais combien de fois j'ai essayé de faire ce travail et je n'ai pas de résultats, je ne sens rien. » Que vous n'ayez pas de résultats ne prouve pas que mes paroles soient mensongères ; mais à cause de l'épaisseur de la matière qui vous enveloppe, vous n'arrivez pas encore à sentir cette présence du monde divin et de ses habitants qui sont là, réels. Vous ne sentez rien, vous ne voyez rien et vous vous imaginez qu'il n'y a rien. Si, il y a quelque chose, continuez... Eh oui, il faut persévérer.

Au fur et à mesure qu'il fait des efforts, le disciple sent un chemin s'ouvrir devant lui, un pont se rétablir avec les régions supérieures et il commence à vivre la vie divine. Un jour même, il lui suffira de se concentrer quelques minutes sur ces régions pour qu'il sente aussitôt les bénédictions du Ciel se déverser sur lui.

15 septembre

*R*enoncer à certains plaisirs sensuels n'a de signification que si c'est pour les remplacer par des acquisitions et des joies spirituelles. Les religieux, les moralistes ont très mal fait leur travail : ils ont imposé des règles sans vraiment en expliquer l'utilité, donnant ainsi aux gens l'impression de vouloir les brimer, les faire vivre dans les privations et le désert. Mais le moment est venu maintenant d'expliquer. Les gens ne sont pas tellement stupides et bornés, ils peuvent comprendre. En tout cas, cela ne sert plus à rien d'imposer des règles sans en présenter l'utilité.

La Science initiatique vous explique que le renoncement n'est pas une privation. Dans la vie spirituelle, le renoncement ne s'accompagne pas d'une perte. Renoncer, c'est remplacer, transposer, déplacer un plaisir sur un plan supérieur. Il s'agit de la même activité, mais avec des éléments plus purs, plus subtils, un but plus désintéressé.

16 septembre

Faire le bien, c'est être capable de donner des fruits. Nous sommes tous venus sur terre pour donner des fruits, c'est-à-dire des pensées, des sentiments et des actes beaux, nobles, grands. Voilà pourquoi il faut toujours surveiller dans quel état intérieur on rencontre les autres.

Si vous rendez visite à quelqu'un sans vous préoccuper des effets que vous allez produire sur lui par vos gestes, votre regard, vos paroles, vous allez lui donner une indigestion ou l'empoisonner. Agir ainsi prouve que vous n'avez jamais compris la science du bien. Et ne vous étonnez pas ensuite si votre vie est solitaire et triste… Pourquoi n'avez-vous pas appris à donner des fruits ? Quand on donne, on n'est jamais seul. Donnez donc un fruit, c'est-à-dire un travail, un sacrifice, une pensée, un bon regard, un sourire…

17 septembre

*L*orsqu'ils décident de fonder une famille, de se lier d'amitié ou de s'associer pour le travail, combien de gens ont tendance à se diriger d'après la première impression de plaisir ou de déplaisir, de sympathie ou d'antipathie ! Ils pensent : « Oh, celui-là me dit quelque chose » et, sans raisonner, sans approfondir, ils se lancent, sans voir qu'en réalité ils ont affaire à un malfaiteur. Et ils s'éloignent d'un autre qu'ils trouvent moins sympathique, alors qu'en réalité c'est un homme juste, honnête et bon.

Tant que vous vous dirigerez d'après la sympathie ou l'antipathie, qui sont des impressions du moment, et non d'après la sagesse qui voit beaucoup plus loin, vous rencontrerez des désillusions et des échecs.

18 septembre

*U*ne philosophie pernicieuse circule de par le monde, poussant les gens à satisfaire tous leurs désirs et leurs envies, car c'est très mauvais, paraît-il, de ne pas suivre la voix de la nature ou de s'opposer à elle, cela s'appelle du refoulement.

Pourtant, si vous êtes lucide et honnête, vous vous rendrez compte que la voix qui parle en vous ne vous pousse pas toujours à chercher uniquement votre plaisir. Quelquefois, au contraire, elle vous conseille d'être plus raisonnable, plus maître de vous-même, elle vous adresse même des reproches : « Pourquoi as-tu fait des folies ? Pourquoi t'es-tu laissé entraîner ? »... Sans doute, cette voix s'exprime-t-elle plus rarement et plus doucement, mais elle est là, on ne peut pas le nier. Eh bien, c'est tout simplement qu'elle est, elle aussi, la voix de la nature, mais la voix de la nature supérieure, alors que l'autre est la voix de la nature inférieure*. Car ces deux natures coexistent en l'homme et les deux cherchent également à se manifester. Voilà un point qui doit être clair pour vous.

* Voir note et schéma, p. 390 et p. 391.

19 septembre

De plus en plus de gens s'intéressent à l'occultisme : ils cherchent les secrets qui leur permettront de devenir des mages puissants. Ils pensent les trouver dans des rituels, des talismans, des formules magiques et, sans rien connaître des réalités du monde invisible, ils se lancent dans l'évocation des esprits. Les pauvres malheureux ! Ce qu'ils vont trouver, c'est le déséquilibre psychique et même physique, car ce ne sont pas les esprits supérieurs qui vont répondre à leurs invocations, mais les entités des niveaux les plus bas, les élémentaux et les larves. Oui, voilà la vérité, l'implacable vérité. Et pourquoi ? Parce que pour attirer les esprits lumineux, les anges, les archanges, il n'y a qu'une seule méthode, un seul moyen : progresser chaque jour davantage dans la vie spirituelle.

Les entités célestes ne viennent aider et soutenir que les êtres qui manifestent la pureté, l'amour, la justice, la vérité. On ne peut pénétrer les arcanes de l'univers en vivant d'une façon ordinaire. Le monde divin ne nous donne ses bénédictions qu'en proportion de ce que nous faisons nous-mêmes. D'autres, bien sûr, peuvent nous donner ce que nous leur demandons, mais à quel prix il faudra le payer !

20 septembre

*L*e disciple véritable est celui qui a conscience d'avoir besoin d'un Maître uniquement pour le stimuler et l'inspirer dans la voie du bien. Et quand il a trouvé ce Maître, il ne doute pas de lui, il ne s'oppose pas à lui, il n'exige rien de lui. Souvent, le Maître ne lui a presque pas parlé, il ne s'est pas occupé de lui, mais le disciple sait que son Maître existe et il est heureux, il fait des progrès parce qu'il l'aime, il croit en lui, il est lié à lui. Même malheureux, pauvre, malade, mourant, il se sent consolé, réconforté seulement à la pensée que son Maître existe, car l'image qu'il a de lui dans sa tête, dans son cœur, est toute-puissante. C'est ce Maître intérieur qui lui ouvre toutes les portes.

Il ne suffit pas de fréquenter un Maître pour évoluer. On fréquente le soleil, les sources et on reste le même. Pourquoi ? Parce qu'on est fermé. Pour s'ouvrir, il faut la foi et l'amour. La foi et l'amour sont les clés qui ouvrent toutes les portes.

21 septembre

Vivez une vie intense, car c'est elle qui chaque jour vous révélera de nouvelles vérités. Vous direz : « Mais comment peut-on faire des découvertes au-dedans de soi ? En lisant, en étudiant, d'accord. Mais tout seul, en soi-même, peut-on vraiment découvrir quelque chose ? » Oui, grâce à la vie intense, c'est-à-dire la vraie vie spirituelle, vous trouverez les vérités essentielles concernant l'homme et l'univers ! Jamais vous ne découvrirez ces vérités si elles n'ont pas leur source en vous, si vous ne les avez pas vécues. Bien sûr, quelqu'un peut vous les révéler, un être que vous aimez et en qui vous avez confiance ; mais il faudra pourtant que vous en fassiez vous-même l'expérience.

Si les gens sont plongés dans l'incertitude, le doute, c'est parce qu'ils ont cherché la vérité par une voie extérieure à eux et dont ils ne peuvent jamais être sûrs. Seule la voie intérieure rend le doute impossible. Là, même si vous voulez douter, vous ne pouvez pas !

22 septembre

*T*ous les pères et les mères qui souhaitent pour leurs enfants la facilité, l'opulence, les succès, y sont évidemment poussés par leur amour ; mais c'est un amour aveugle qui n'envisage pas la véritable évolution des enfants. Bien sûr, cela ne signifie pas que les parents doivent souhaiter que leurs enfants souffrent pour évoluer, et ils n'ont d'ailleurs pas à se préoccuper de cela. Leur désir doit être seulement que ces enfants deviennent des bienfaiteurs de l'humanité, et c'est au Ciel de décider par quelles expériences il les fera passer pour les conduire jusque-là. Peut-être leur enverra-t-il des maladies, des ennemis, des opprobres, mais peu importe. Si les parents savent alors comment parler à leurs enfants, comment les conseiller, les soutenir à travers les épreuves, ces enfants iront loin, très loin, tellement loin qu'un jour il ne restera plus trace de ces difficultés.

Les parents aiment leurs enfants, mais que deviendront ces enfants si on leur épargne toutes les souffrances ?

23 septembre

L'homme ne possède encore ni le savoir ni les capacités qui lui permettraient de vaincre le mal. La meilleure solution, c'est de laisser le bien et le mal vivre ensemble et d'utiliser l'activité et les forces extrêmement puissantes contenues dans les éléments du mal, c'est-à-dire de prendre quelques doses infinitésimales du mal pour stimuler les forces du bien. Exactement comme pour une greffe.

Que fait le jardinier ? Sur la tige d'un jeune poirier sauvage aux fruits immangeables, il fixe, par exemple, le rameau d'un poirier de bonne qualité qui profitera de la vigueur de l'arbre sauvage. De la même façon sur l'arbre du mal, on peut fixer les rameaux de l'arbre du bien. Alors, de même que les forces du mal cherchent toujours à s'emparer des forces du bien pour les faire servir à leurs desseins, de même le bien a tous les droits de puiser et d'utiliser les forces du mal pour son travail.

24 septembre

L’arbre est une créature vivante qui sait attirer et accumuler l’énergie solaire. Si on le brûle, on constate qu’il est fait d’un peu de terre, d’eau en plus grande quantité, d’air un peu plus encore, mais c’est le feu, la lumière qui entre pour la plus grande part dans sa constitution. Et l’homme est construit à l’image de l’arbre : il est fait de feu, de lumière, il possède la même quintessence que le soleil.

Pourquoi égarer les gens en leur répétant qu’ils ne sont que de la terre, qu’ils ne peuvent se nourrir que de matière et qu’ils retourneront à la terre ? Les Initiés au contraire nous disent : « Vous êtes faits de lumière, vous pouvez vous nourrir de lumière, et vous retournerez à la lumière. » Oui, l’homme est identique à l’arbre, et s’il connaissait les lois avec lesquelles la nature travaille, il pourrait lui aussi fixer et conserver cette force cosmique, cette énergie du feu céleste, c’est-à-dire toutes ces formes de l’esprit que sont l’intelligence, la lumière, l’amour…

25 septembre

*L*es connaissances que les gens ont acquises au cours de leurs études, au service de qui ou de quoi les mettent-ils ? Combien y en a-t-il qui prennent conscience de leur responsabilité et qui se disent : « Voyons, avec toutes ces connaissances, il faut que je fasse le bien, que j'aide les autres, ce n'est pas moi seul qui dois en profiter » ? Croyez-vous que ce soit toujours de façon désintéressée que les médecins ont choisi leur métier ? Et les avocats ? Et les chimistes, les ingénieurs, les économistes, les journalistes, mettent-ils vraiment leurs connaissances au service des autres ? Ce que la plupart d'entre eux veulent, c'est le succès, la gloire, le confort, les plaisirs…

Les études par elles-mêmes ne rendent pas les êtres meilleurs. Au contraire, souvent elles font d'eux de véritables dangers publics ! En revanche, des connaissances dans les mains de ceux qui ont travaillé sur leur caractère et qui sont décidés à ne pas les utiliser pour leur propre profit, mais pour le bien de tous, voilà une source de bénédictions.

26 septembre

Pour modifier les formes de votre être intérieur, vous devez chercher à vous approcher de la région du feu, c'est-à-dire la région de l'esprit et, par la méditation, par la prière, vous modeler, vous façonner. Si vous refusez de faire ce travail, ce sont les souffrances qui viendront vous brûler et vous fondre. Car l'Intelligence cosmique n'accepte pas que l'être humain reste là à stagner.

Alors, n'attendez pas, décidez-vous à connaître la puissance du feu céleste, à le sentir, à le posséder. Tâchez de comprendre sa nature, comment il vient jusqu'à nous pour nous remuer profondément et comment il peut nous communiquer ses propriétés. Il faut arriver à l'absorber, pour que les vieilles formes déjà durcies en nous fondent à sa chaleur et puissent être remodelées.

27 septembre

Tous les êtres, aussi grossiers et matérialistes soient-ils, ont été créés dans les mêmes ateliers que les plus grands génies, ou les plus grands Initiés ; seulement le temps n'est pas encore venu pour eux de manifester les mêmes dons, les mêmes vertus. Mais ce temps viendra pour eux aussi, et ils chercheront la beauté, la pureté, la lumière, l'immensité. Ils comprendront que les activités et les biens matériels ne sont nécessaires que comme un support, un récipient, une enveloppe pour soutenir, abriter ou contenir la vie de l'esprit. Et quand ils commenceront à comprendre que ce qu'ils prenaient pour l'essentiel n'en était en réalité que l'enveloppe, l'écorce, leur regard changera. Oui, seulement leur regard : ils cesseront de regarder les récipients pour s'intéresser au contenu et ce sera pour eux le commencement de la vraie vie.

28 septembre

Quand vous vous sentez malheureux, découragé, au lieu de rester là sans rien faire, sauf vous gaver de pilules et importuner les autres en leur étalant vos angoisses et vos cauchemars, pensez à travailler avec votre imagination.

Imaginez-vous entouré de lumière, envoyant votre amour à travers le monde entier, résistant aux difficultés et aux tentations… Peu à peu, les images que vous formez deviendront vivantes, elles agiront sur vous, elles vous transformeront en même temps qu'elles travailleront à attirer de l'univers les éléments appropriés pour les introduire en vous. Bien sûr, beaucoup de temps et de travail seront nécessaires. Au début, les effets de ces exercices ne se feront pas sentir très longtemps. Vous devrez souvent les reprendre. Mais un jour, le résultat sera là, définitivement, vous ne pourrez pas en douter : vous sentirez au-dessus de vous une entité vivante qui vous protège, vous instruit, vous purifie, vous éclaire et, dans les cas difficiles, vous apporte le soutien dont vous avez besoin.

29 septembre

Dans les Évangiles Jésus a dit : « *Tu aimeras le Seigneur ton Dieu, de tout ton cœur, de toute ton âme, de toute ta pensée et de toute ta force. Voilà le premier commandement.* » Je vous ai déjà expliqué que la force correspond au domaine de l'esprit, car seul l'esprit possède la véritable force. L'homme doit donc aimer Dieu avec son cœur, son intellect, son âme et son esprit, c'est-à-dire avec les quatre principes qui constituent sa vie psychique.

De ce commandement, on peut rapprocher le précepte du Maître Peter Deunov :

« Ayez le cœur pur comme un cristal,
l'intellect lumineux comme le soleil,
l'âme vaste comme l'univers,
l'esprit puissant comme Dieu et uni à Dieu. »

C'est là le plus haut idéal qu'il nous ait donné.

30 septembre

*N*e vous abandonnez jamais sans réagir à certaines tendances ou habitudes mentales pernicieuses, car avec le temps vous en deviendrez peu à peu prisonniers. Et ne dites pas : « Oh ! le moment venu, je me corrigerai, je redresserai la situation. » Non, vous vous faites des illusions, c'est justement au moment où vous voudrez reprendre la bonne direction que ces tendances se manifesteront le plus puissamment.

Oui, c'est le jour où on veut se redresser que l'on se rend compte combien on est ligoté. Tant qu'on n'est pas conscient d'être esclave et qu'on ne veut rien faire pour s'en sortir, on ne se sent pas asservi, mais le jour où on veut se libérer, aïe, aïe, aïe !... Alors faites attention, ne vous laissez jamais aller en vous disant que, le moment venu, vous arriverez à vous ressaisir. Bien sûr, si vous le voulez vraiment, vous y arriverez, mais avec combien plus d'efforts et de peines !

1er octobre

*L*es humains sont tellement influencés par l'ordre des choses actuel que s'ils se trouvaient dans le Royaume de Dieu, ils se mettraient à tout critiquer : « Oh, mais ce n'est pas du tout comme chez nous. Ça, ce n'est pas juste… Ça, ce n'est pas normal… ! »

Exactement comme dans l'histoire de cet homme qui faisait partie d'une tribu où l'on n'avait qu'un œil. Il part en voyage et tombe un jour chez une peuplade où tous avaient deux yeux. De retour chez lui, il dit à ses compatriotes : « J'ai vu des monstres, des êtres épouvantables : ils n'ont pas un œil comme nous, mais deux. Il faut les attaquer pour leur arracher leur second œil ! » C'est à peu près ainsi que les choses se passent dans le monde ; dès qu'un être manifeste des facultés ou des vertus inhabituelles et que les gens s'en aperçoivent, ils se liguent contre lui en disant : « Ce n'est pas normal, ce n'est pas naturel. » Parce que la norme, c'est la majorité. Alors, si la majorité est animale, il faut se niveler à elle et rester animal. Et si les gens rencontrent par hasard un ange, une divinité, ils les combattront au nom de leur norme à eux.

2 *octobre*

L'existence d'une fraternité, d'une collectivité spirituelle est utile, bénéfique pour de nombreuses raisons, et en particulier parce qu'elle donne aux humains les meilleures conditions pour se transformer et progresser. Souvent, quand on est seul, on n'a pas la volonté de faire des efforts pour s'améliorer, tandis que dans une collectivité, on est stimulé, poussé, c'est donc plus facile.

Oui, l'exemple agit énormément. Que ce soit la débauche, l'alcool, la drogue ou le crime, on sait combien de gens ont fait des bêtises parce qu'ils se sont laissé entraîner. Alors, si on peut comprendre qu'une collectivité est puissante pour entraîner les êtres vers le mal, pourquoi ne pas comprendre qu'elle peut l'être aussi pour les entraîner vers le bien ?

3 octobre

***O**n apprend beaucoup de choses en observant les insectes. Combien de fois, par exemple, on a pu remarquer que si on laisse traîner un peu de nourriture, quelque temps après, les insectes (mouches, fourmis, etc.) sont là. Grâce à quel flair, à quelle radiesthésie arrivent-ils à découvrir, à de si grandes distances, la présence de ces miettes de nourriture ? Et si on les enlève, ils s'en vont.

C'est la même loi dans le plan psychique. Car dans le plan psychique aussi il existe toutes sortes de « bestioles » qui sentent de loin les impuretés et qui viennent pour s'en nourrir. Partout, dans tous les domaines, tout est nourriture pour les uns ou pour les autres. Les créatures malfaisantes, ténébreuses, ont besoin de manger, et les créatures lumineuses, les créatures célestes, aussi. Alors, attention aux entités que vos pensées et vos sentiments vont attirer en vous.

4 octobre

*S*i vous lisez la vie des Maîtres et des Initiés, vous verrez qu'ils sont tous passés par de terribles épreuves. Certains comprenaient le sens de ces souffrances, ils ne se révoltaient pas, ils ne se décourageaient pas : ils savaient que grâce à elles, ils deviendraient des divinités. Mais d'autres, qui n'étaient pas encore tellement éclairés, étaient accablés, et même quelquefois se révoltaient. Ils ne comprenaient pas pourquoi le Ciel était si cruel ; ils lui avaient tout sacrifié et il ne les récompensait pas !…

Ce qui manque souvent chez les spiritualistes, c'est le vrai savoir. Ils pensent que parce qu'ils ont consacré leur vie à Dieu, ils vont voir couler des ruisseaux de lait et de miel, marcher sur des pétales de roses et recevoir des couronnes. C'est vrai que l'on trouve dans la Bible de pareilles promesses, et c'est vrai aussi que cela arrivera… mais seulement quand ils auront passé toutes les épreuves ! En attendant, celui qui possède la vraie lumière doit apprendre, quoi qu'il lui arrive, à l'utiliser pour son évolution.

5 octobre

*V*ous attendez toujours des événements sensationnels ; mais même si ces événements se produisent, vous les oubliez vite et vous retournez à votre vie prosaïque. Il y a eu dans le passé des Initiés qui faisaient des prodiges. Bien sûr, pendant quelque temps ceux qui y avaient assisté étaient impressionnés, mais cela ne les empêchait pas de continuer à s'amuser, à commettre des crimes, ou même de brûler celui qui avait fait ces prodiges. Jésus faisait des miracles devant une foule émerveillée, et après l'avoir accueilli triomphalement dans Jérusalem en criant : *« Hosanna au Fils de David ! »*, peu de temps après, cette même foule criait : *« Crucifiez-le ! »* Donc, souvent, faire des miracles ne sert qu'à amuser le public.

Il faut chercher les vrais miracles dans le soleil qui se lève, une fleur qui s'ouvre, un enfant qui sourit, ou dans la façon dont l'être humain lui-même est construit… Mais le plus grand miracle, c'est la transformation du cœur humain, parce que c'est là la chose la plus difficile.

6 octobre

*V*ous pouvez faire toutes sortes d'exercices et de travaux psychiques pour obtenir les résultats que vous désirez, mais si vous avez enfreint pour cela les lois de la nature, qui sont les lois de l'harmonie cosmique, à la fin c'est le cosmos lui-même qui met son veto, et vous échouez. C'est pourquoi beaucoup d'occultistes, de spiritualistes, qui travaillaient pour arriver à certaines réalisations, sans se préoccuper de savoir s'ils agissaient en harmonie avec les projets de l'Intelligence cosmique, ont mal fini.

Les livres occultes proposent un très grand nombre de techniques, de rituels, mais outre que beaucoup d'entre eux sont dangereux, aucune de ces pratiques ne vaut celle qui consiste à se mettre en harmonie avec l'ordre cosmique. Et même, les choses vont encore plus loin : si vous n'êtes pas vigilant pour conserver cette harmonie, si vous laissez les tendances anarchistes en vous prendre le dessus, même les pratiques les plus inoffensives peuvent se retourner contre vous et vous nuire.

7 octobre

*S*upposons que la vie vous amène un être qui vous irrite : du point de vue spirituel, cet être est une matière brute que votre bouche – symboliquement parlant – ne peut absorber. Mais si vous avez en vous cette chaleur qu'est l'amour et cette force qu'est la lumière, vos glandes spirituelles commencent à fonctionner et cette personne finira par vous paraître mangeable, elle ne perturbera plus votre état psychique. Tant que vous persistez à vouloir « digérer » quelqu'un sans la lumière et sans la chaleur, il vous donnera une indigestion, des aigreurs d'estomac.

Avec votre amour et votre intelligence, vous pouvez changer tout ce qui vous parvient à l'état brut, que ce soit la nourriture, les êtres humains, les situations, les événements, etc. Tant que vous ne serez pas rempli de lumière et de chaleur, votre bouche spirituelle trouvera ces corps bruts détestables ; mais grâce à la chaleur et à la lumière, vous pourrez les accepter et les assimiler.

8 octobre

Il est dit dans le livre de la *Genèse* : *« Au commencement Dieu créa le ciel et la terre. Et la terre était informe et vide. Et l'esprit de Dieu se mouvait au-dessus des eaux.* » Pourquoi au-dessus des eaux ? Parce que l'eau représente la matière cosmique originelle que l'esprit de Dieu, le feu primordial, a pénétrée pour la fertiliser. Contrairement à ce que l'on croit en général, ce n'est pas l'élément terre qui exprime et manifeste le mieux les propriétés et les qualités de la matière, c'est l'eau. Ces qualités sont la réceptivité, l'adaptation, la malléabilité.

L'eau est donc le symbole de la matière première qui a reçu les germes fertilisateurs de l'esprit. C'est elle la matrice de la vie. La vie est sortie de l'eau grâce au principe du feu qui a mis cette matière en mouvement. Par elle-même, l'eau, la matière, ne possède pas la vie, c'est le feu qui la lui infuse.

9 octobre

D'un Maître, vous ne pouvez demander qu'il ait tous les savoirs et tous les pouvoirs. Vous n'avez le droit de lui demander qu'une chose : qu'il soit pour vous un lien avec le Ciel, qu'il vous montre le chemin vers Dieu, qu'il vous guide sur la voie de la lumière.

Un Maître ne vous gardera pas avec lui, il vous amènera vers Dieu. Et si vous insistez pour rester auprès de lui, il vous dira : « Non, non, ne comptez pas tellement sur moi, je ne peux pas tout vous donner, seul le Seigneur peut vous combler. Moi, je peux uniquement vous aider à trouver le chemin. Je suis, si vous voulez, comme une cabine téléphonique qui vous permet de communiquer avec le monde divin, avec les hiérarchies célestes, c'est tout. » Voilà ce que dira un vrai Maître. Maintenant, bien sûr, si ce n'est pas un vrai Maître, il vous racontera toutes sortes d'autres choses, et c'est donc à vous d'avoir du discernement.

10 octobre

Si vous voulez vraiment votre salut, vous devez comprendre combien il est important d'être guidé par les grands Esprits qui vivent ou qui ont vécu sur la terre. Ces êtres qui ont fait beaucoup plus d'expériences que nous, qui ont su résoudre de nombreux problèmes de la vie intérieure, sont comme des livres vivants qui nous communiquent les connaissances qu'ils possèdent. Nous vivons, nous agissons, et grâce à eux quelque chose d'autre vient se joindre à nos propres expériences, quelque chose de supérieur, de plus riche que nous et qui nous aide.

11 octobre

*L*a descente de l'homme dans la matière n'est ni une erreur, ni un accident dans son évolution : elle était prévue par l'Intelligence cosmique. Pour parvenir à la totalité de la connaissance, l'être humain avait besoin de développer ses facultés intellectuelles, et pour les développer, il devait être placé dans des conditions où sa perception du monde invisible serait affaiblie, afin qu'il puisse s'appliquer à l'exploration de la matière.

Voilà pourquoi les humains en sont aujourd'hui à ce stade de leur évolution : en plein matérialisme. Mais ce n'est pas le stade définitif : un jour l'humanité retournera de nouveau vers les régions de l'âme et de l'esprit qu'elle a quittées, et elle y retournera enrichie de toutes les expériences qu'elle aura faites dans la matière grâce à l'intellect.

12 octobre

À quelque race qu'il appartienne, chaque être humain représente une cellule du grand Être cosmique. Mais la plupart de ces cellules en sont restées à un niveau de conscience tellement inférieur qu'elles se sentent étrangères les unes aux autres, et même hostiles, elles ne sont pas capables de concevoir cette unité à laquelle elles appartiennent, et donc leurs réactions, leur comportement ne sont pas en harmonie avec le tout. Le jour où elles accepteront d'admettre que l'humanité entière n'est en réalité qu'une seule et même entité, chacune d'elles n'aura que le désir d'entrer en harmonie avec toutes les autres cellules qui représentent l'Être sublime, Dieu Lui-même.

13 octobre

Consciemment ou inconsciemment, chaque être humain cherche son âme sœur. En réalité notre âme-sœur, c'est nous-même, l'autre pôle de nous-même qui vit en haut auprès de Dieu dans la perfection et la plénitude. C'est pourquoi, dans toutes les Initiations, le Maître enseignait aux disciples comment se retrouver. Dans l'Inde, le Jnani-yoga donne des méthodes grâce auxquelles le yogi parvient à s'unir à son Moi supérieur, car c'est en s'unissant à son Moi supérieur qu'il s'unit à Dieu Lui-même.

En Grèce, on retrouve la même idée exprimée dans la formule inscrite au fronton du temple de Delphes : « Connais-toi toi-même ». Cette phrase n'a pas du tout le sens qu'on lui donne en général : connais que tu es un homme et qu'en tant qu'homme tu es limité. La vraie connaissance est une fusion des deux principes. C'est le sens des paroles de la *Genèse* : *« Et Adam a connu Ève »* ou *« Abraham a connu Sarah »*... « Connais-toi toi-même » signifie donc : trouve l'autre pôle en toi-même. Si vous êtes un homme, l'autre pôle est le principe féminin ; si vous êtes une femme, c'est le principe masculin, avec lequel vous vous fusionnez dans la pureté et la lumière.

14 octobre

Un mage blanc est un être qui a d'abord travaillé à organiser son monde intérieur afin que toutes les cellules vibrent à l'unisson. Les vibrations qu'il a ainsi créées en lui l'accompagnent, et où qu'il aille, il introduit dans tout ce qu'il touche des éléments fluidiques qui, possédant les mêmes qualités que lui, rétablissent partout l'ordre et l'harmonie. En souhaitant toujours faire le bien, consoler, apaiser, éclairer et vivifier les créatures, chacun peut se préparer à devenir un mage blanc, un fils de Dieu. Tant que vous ne serez pas instruit de cette réalité, inconsciemment vous serez poussé à vous montrer nuisible et malfaisant.

15 octobre

Puisque Jésus parlait du Royaume de Dieu et de sa Justice, c'est que le Royaume de Dieu a une justice spéciale qui n'est pas celle de la terre. Sur la terre, dès qu'un homme porte plainte, même si c'est pour trois fois rien (on a empiété sur son terrain… on ne l'a pas payé exactement… on lui a dit des injures…) toutes les lois sont avec lui et l'autre est condamné. Mais celui qui est bon, généreux, qui apporte la paix autour de lui, aucune justice humaine ne vient le récompenser. Sur la terre, la justice sert souvent à protéger ce que les humains ont de plus égoïste et mesquin.

La nature supérieure de l'homme, elle, n'est pas reconnue, elle est même bafouée, piétinée. Un homme honnête, désintéressé, intègre, est gênant et tous essaient de se débarrasser de lui pour continuer à faire tranquillement leurs trafics. Mais voilà ce qui n'est jamais accepté dans le Royaume de Dieu !

16 octobre

Quand le professeur n'est pas là, tous les élèves chahutent, crient, se chamaillent… C'est normal, « quand le chat n'est pas là, les souris dansent ». Mais voilà que le professeur arrive dans la classe : en quelques secondes tous ont trouvé leur place parce que la tête, le chef est entré.

Eh bien, ce sont les mêmes lois qui existent au-dedans de nous. Le Seigneur, c'est la tête, le chef, le centre, et tant que nous ne Le laisserons pas pénétrer en nous, ce sera la pagaille. Quand j'entends quelqu'un dire : « Je n'ai pas besoin du Seigneur, moi, je me débrouillerai sans Lui », je peux lui répondre qu'en effet il se débrouillera, mais dans quel désordre et avec quelles pertes ! La tête, le Seigneur, introduit l'ordre parmi les cellules de notre organisme ; quand Il est là toutes travaillent dans l'harmonie et dans la paix, et la vie circule. Vous n'avez pas encore compris pourquoi il est essentiel d'avoir en soi le Seigneur comme centre ; et voilà, je vous le dis : parce que c'est ce point-là, au centre, qui organise et harmonise tout.

17 octobre

Certaines personnes sont venues me demander conseil pour le choix d'une profession. Elles hésitaient : devaient-elles s'engager dans telle voie où elles gagneraient beaucoup d'argent, ou bien choisir un métier moins lucratif mais qui leur laisserait plus de temps pour faire autre chose ?…

En tant qu'instructeur, je n'ai pas à dire à quelqu'un qu'il doit faire ceci ou cela, mais seulement à lui expliquer les conséquences de ses choix ; ensuite, c'est à lui de décider. Alors, voici ce que je réponds : vouloir gagner beaucoup d'argent n'est pas mauvais, mais tout dépend de ce que vous voulez réaliser. Si votre idéal est ce que l'on appelle habituellement « réussir dans la vie », c'est-à-dire avoir du pouvoir, de l'influence, eh bien, gagnez beaucoup d'argent ! Mais si vous avez pour idéal de progresser dans la voie de la vie intérieure, vous n'aurez pas besoin de beaucoup d'argent, mais surtout de liberté, de temps pour des activités spirituelles. Alors, à vous de choisir !

18 octobre

*V*ous ne savez pas vous-même ce que vous cherchez. Vous croyez chercher l'amour d'un homme ou d'une femme, mais au fond c'est l'amour de Dieu que vous cherchez et dont vous avez besoin : l'immensité, l'infini, toute la beauté de la nature et des êtres… Mais avant d'arriver jusque-là, combien de « boutiques » vous essaierez de visiter : « Donnez-moi l'amour… Donnez-moi la plénitude… » Mais aucune boutique ne les possède. Seul le Seigneur Lui-même les possède et il faut aller les chercher auprès de Lui.

Regardez ce qui se passe avec tous ces êtres qui se sont arrêtés auprès d'une « boutique ». Boutique, évidemment, cela veut dire une jolie femme… ou un joli monsieur ! Au bout de quelque temps tout est épuisé, et ils vont vers une autre boutique beaucoup plus récemment ouverte : la marchandise est plus fraîche, la publicité est mieux faite, la vitrine est mieux présentée, il y a plus de lumière, plus de couleurs… Mais là encore, au bout de quelque temps, tout se ternit, tout s'effrite, parce que ce n'était pas divin. N'est divin que ce qui est inépuisable et éternel. C'est vers l'amour divin que vous devez vous diriger.

19 octobre

*L*a plus grande erreur des humains, c'est de toujours s'imaginer qu'il est plus avantageux pour eux de se retrancher de l'harmonie universelle, et qu'en refusant de se soumettre aux lois de la nature ils seront plus puissants, plus libres, plus riches et plus heureux. Eh bien, pas du tout, ils ne savent pas que la véritable puissance, le véritable bonheur, c'est de pouvoir vibrer en harmonie avec l'univers, entendre cette symphonie de la nature entière où tout chante : les forêts, les rivières, les étoiles…

C'est cette symphonie cosmique que l'on appelle la musique des sphères. Et pour entendre cette musique des sphères, il faut arriver à harmoniser tout son être, tous ses organes, toutes les cellules de ses organes par un travail assidu et profond. C'est au moment où les moindres particules de votre être vibreront à l'unisson que la symphonie de l'univers se révélera à vous.

20 octobre

Ce qui est un mal pour les uns peut être un bien pour d'autres. Certains êtres vivent dans le feu sans être brûlés, c'est donc que le feu n'est pas un mal pour eux. Pour l'homme, le poison, le venin de cobra sont mortels, mais il y a des animaux sur lesquels le venin de cobra reste sans effet. Plus simplement encore, prenez un malade dans un hôpital : ses yeux sont irrités et il ne supporte pas la lumière ; alors que la lumière est un bien pour tous, pour lui, elle est un mal.

On peut donc dire que ce que les humains appellent un mal n'en est pas nécessairement un. C'est un aspect menaçant pour le moment, parce qu'ils sont encore faibles ou malades. Ce qu'ils expriment ainsi ne reflète que leurs conceptions personnelles ; d'autres, comme les Initiés, se prononcent différemment, parce qu'étant arrivés à utiliser le mal, il est devenu un bien pour eux.

21 octobre

*O*n peut dire que le genre humain, qui a réussi à apprivoiser par la technique les forces de la nature, a atteint intellectuellement un niveau fantastique. Mais ce n'est pas encore cette perfection-là que le Créateur envisage pour lui. Ce qu'Il envisage est bien au-delà des aptitudes scientifiques ou philosophiques : ce sont des facultés comme la clairvoyance, la compréhension intuitive, la vision directe des choses.

Vous direz : « Mais alors, pourquoi les humains ont-ils été poussés à développer leurs facultés intellectuelles ? » Parce qu'elles étaient nécessaires ; s'ils ne possédaient pas ces facultés préalables, ils ne pourraient pas accéder aux facultés supérieures. Il fallait que l'humanité s'oriente dans cette direction et franchisse des étapes tout à fait déterminées pour arriver maintenant à développer des facultés nouvelles, mais évidemment, sans se défaire de celles qui sont déjà acquises. Les facultés intellectuelles doivent poursuivre leur évolution, mais tout en restant subordonnées à d'autres facultés qui vont naître.

22 octobre

*L*a vie et la mort : sur ces deux mots repose toute la création. La vie ne peut se comprendre sans la mort, ni la mort sans la vie, elles marchent ensemble inextricablement liées l'une à l'autre. Dès que la vie apparaît, elle est immédiatement menacée par la mort. Mais la mort elle-même n'a jamais le dernier mot : dès qu'elle a accompli son œuvre, la vie reprend le dessus, mais sous une autre forme.

Pris isolément, les mots vie et mort n'ont pas véritablement de sens. C'est la vie qui donne son sens à la mort et la mort qui donne son sens à la vie. C'est pourquoi nous ne comprendrons réellement la vie que lorsque nous passerons un jour par les portes de la mort, qui nous donneront accès à une forme de vie nouvelle.

23 octobre

*L*orsque vous êtes victime d'une injustice, ne vous laissez pas grignoter par le chagrin ou le désir de vengeance. Attendez, et continuez à travailler sur vous-même. Tout ce qui est inspiré par le monde divin restera et brillera un jour de tout son éclat ; tandis que les entreprises inspirées par des intérêts humains, même si elles réussissent pendant un certain temps, sont condamnées tôt ou tard à l'échec. Laissez donc les gens s'enfoncer, si cela leur plaît, dans leur propre marécage, en s'acharnant à écarter et évincer les autres pour avoir les meilleures places. Ils vont s'appauvrir et s'affaiblir, parce qu'ils ignorent combien les lois sont terribles pour celui qui s'est fait le serviteur de la jalousie, du mensonge et de la haine.

Le Ciel arrange tout, sa force et sa puissance sont infinies. Imperceptiblement, mais inlassablement il travaille, et tout tournera pour le bien de ceux qui ont placé dans leur vie un idéal sublime de beauté et d'amour, pour l'avènement du Royaume de Dieu et de la fraternité dans le monde.

24 octobre

Quand ils ont des problèmes à résoudre, les humains ne pensent pas à utiliser la méthode de l'amour, car ils ne croient pas à son efficacité. Ils seront pourtant obligés de reconnaître un jour que l'amour est l'arme la plus redoutable devant laquelle tout le monde est obligé de capituler. Devant le véritable amour, l'ennemi n'a aucune possibilité d'échapper : à un moment ou à un autre il est rattrapé.

Alors, armez-vous des armes de l'amour, vous verrez que personne ne pourra vous résister, et vous ne serez jamais accusé d'avoir voulu utiliser ces armes. Si vous trouvez qu'elles ne sont pas assez efficaces, c'est en réalité que votre amour n'est pas assez puissant. Renforcez-le, augmentez-le et vous verrez, tous seront obligés de se rendre.

25 octobre

*U*n Maître enseigne à ses disciples la science de la vie. Mais les disciples, qui n'ont aucune idée de la valeur de la vie, pensent : « Qu'est-ce que c'est que cette science-là ? Comment vivre, ça n'a aucun intérêt. Ce qui est intéressant, c'est de pouvoir prédire l'avenir, fabriquer des talismans pour se protéger, retrouver ses réincarnations… » Et ils perdent leur temps à lire des livres d'occultisme, à rencontrer des personnes qui leur font, paraît-il, des révélations. Pendant ce temps, ils négligent leur vie jusqu'au jour où, affaiblis, déçus, n'ayant rien trouvé de ce qu'ils espéraient, ils commencent à comprendre qu'ils sont passés à côté de l'essentiel.

Oui, car rien ne peut égaler ni dépasser la vie : ni la science, ni la philosophie, ni les pouvoirs, ni l'argent, rien. Vous devez donc protéger votre vie, la purifier, l'illuminer, car c'est grâce à elle que vous obtiendrez la vraie connaissance, la vraie clairvoyance, les vraies richesses et les vrais pouvoirs.

26 octobre

À quoi pensez-vous quand vous mangez ? À vos problèmes d'argent, à vos chagrins d'amour, à la dernière parole vexante qu'on vous a dite… Tâchez d'oublier tout cela un moment et de penser à la nourriture, mais aussi à votre corps qui reçoit cette nourriture. Qu'est-ce que votre corps ? La réunion d'éléments qui se trouvaient auparavant dans l'eau, l'air, la terre, le feu. Ils formaient la matière d'autres corps qui, avec le temps, se sont décomposés. Et lorsque nous mangeons maintenant des fruits ou des légumes en disant : « Ça, c'est une poire ou une pastèque, ça c'est une laitue ou un concombre… » c'est vrai, mais avant d'exister sous cette forme et ces couleurs que nous avons là sous les yeux, à combien d'autres formes animées ou inanimées ces éléments ont-ils appartenu et sous combien d'autres couleurs !

Depuis l'origine du monde, ce sont toujours les mêmes éléments qui entrent dans la constitution des minéraux, des végétaux, des animaux et des hommes. Quand le temps ou un accident les désintègre, ils retournent dans les grands ateliers de la nature pour y être transformés, mais les éléments eux-mêmes qui les constituent restent éternellement neufs, purs et inoxydables. Peu importe que toutes les formes vivantes s'usent, moisissent, pourrissent et tombent en poussière : la nature les reprend dans ses ateliers et les redonne comme nourriture fraîche à tous les êtres vivants, ou les utilise pour reconstruire les nouveaux corps des créatures.

27 octobre

Pour la majorité des humains, tout ce qui existe dans l'univers est privé d'intelligence et de vie véritable, sauf eux. L'homme enfin, l'homme, ce pygmée, est le seul qui soit vivant et qui pense ?… Eh non, c'est faux, et cette idée erronée est la cause que, depuis des siècles, la mort s'installe dans la culture, dans les mentalités. C'est pourquoi, si vous voulez être véritablement vivant et intelligent, vivifiez tout autour de vous : les pierres, les arbres, les montagnes, le ciel, le soleil… Pensez que tout est vivant, que tout est intelligent et même plus que vous, à ce moment-là enfin vous progresserez. Voilà la psychologie des Initiés.

Tant que les humains s'imagineront qu'ils sont les seules créatures pensantes et que tout le reste de l'univers ne pense pas, ne comprend pas, n'est pas sensible, ils ne pourront faire aucun progrès. Pensez que le soleil est un être intelligent et vivant, et il vous instruira. Voilà la vérité qu'un jour le monde entier sera obligé de reconnaître.

28 octobre

Calculez le temps que vous passez chaque jour à manger, dormir – ce qui est utile, bien sûr – mais aussi à parler à tort et à travers, à vous occuper de futilités. Les années passent ainsi loin de la vraie vie, de la vie avec Dieu. Quel gâchis, quel gaspillage. Et le jour où vous quitterez la terre, vous partirez pauvre et nu. Pénétrez-vous bien de cette pensée qu'en quittant la terre, vous ne pourrez emporter pour toutes pierres précieuses que vos vertus, pour tout or votre seul savoir et pour tous bijoux les seules parures de votre âme. Vous serez comme ces gens chassés de chez eux, obligés de laisser leurs terres, leurs maisons, leurs meubles : ils se précipitent vers les coffres pour prendre l'or et les bijoux, qui sont les seules choses qui leur permettront de survivre.

De la même façon, lorsque la mort arrive, on ne peut pas emporter ses possessions dans l'autre monde ; on ne peut que se précipiter sur ses qualités et vertus, il faut abandonner tout le reste. Demandez-vous donc dès aujourd'hui si vous avez de l'or et des pierres précieuses véritables.

29 octobre

*N*e vous arrêtez jamais d'aimer et de faire le bien. Même si les autres vous ont trompé des centaines de fois, laissez votre source couler, sinon c'est vous qui perdrez tout. Si vous vous fermez, bien sûr, personne ne pourra plus vous abuser et vous décevoir, mais l'eau de votre source spirituelle ne coulera plus et vous perdrez la vie. Oui, car lorsque vous laissez votre source se tarir, le monde divin se ferme et vous devenez pauvre, vide… S'il est parfois utile, d'un point de vue éducatif, de se fermer envers quelqu'un pour qu'il apprenne à se corriger, il est très nuisible de se fermer envers les humains en général.

Que les gens le méritent ou non, laissez quand même couler en vous la source de l'amour. Vous direz : « Oui, mais c'est injuste, ils ne méritent pas que je les aime ! » Ça ne fait rien, pratiquez cette injustice, sinon vous deviendrez un désert !

30 octobre

*D*evant des statues, des icônes, les humains prient, chantent, s'agenouillent, brûlent des cierges ; ils les embrassent, les fleurissent et les transportent en procession. Mais quel est le pouvoir d'une image sainte ? Elle est là, en plâtre, en bois ou en marbre, muette, immobile, et les croyants lui demandent de les sauver. Ils ont foi en elle, et c'est vrai, ils obtiennent des résultats.

Pourquoi ? Est-ce l'icône, la statue qui a agi ? Non. C'est l'intensité des énergies psychiques projetées par les fidèles. Ces énergies se sont accumulées sur la statue qui est devenue un conducteur : elle a transmis leurs prières et leurs supplications, et à cause de l'intensité de leur foi, leurs demandes sont montées jusqu'au Ciel à travers l'icône, qui n'est qu'un intermédiaire. C'est eux qui ont tout fait, pas l'icône. Elle n'a pu quelque chose pour eux que parce qu'ils ont la foi.

31 octobre

***V**ous faites un feu, une flamme jaillit qui donne de la lumière. Feu et flamme sont presque confondus. Mais quand on dit feu, on entend la cause dont la flamme est déjà une conséquence. Il n'y a pas de lumière sans feu, mais ce qu'est le feu lui-même, on ne le sait pas. On ne peut le connaître qu'à travers ces deux manifestations : la chaleur et la lumière.

La Sainte Trinité est une des représentations symboliques de ce grand mystère du feu. Le feu, c'est le Père, et du Père procèdent le Fils, le Christ : la lumière, la sagesse ; et l'Esprit saint : la chaleur, l'amour.

1er novembre

Penser, c'est d'abord être capable de se dégager des préoccupations quotidiennes afin de se concentrer de façon désintéressée sur un sujet de nature philosophique, spirituelle.

Penser doit nous servir à progresser dans la voie de la compréhension de l'être humain, de l'univers, de Dieu Lui-même. Et cette compréhension ne s'obtient pas par la lecture des livres et les discussions. C'est dans le silence que le savoir immémorial, enfoui au plus profond de nous-même, parvient peu à peu à la conscience.

2 novembre

*N*ous vivons dans une culture qui exige que nous sachions lire et écrire, et c'est très bien, il sera toujours nécessaire de lire et d'écrire, mais ce sont deux activités qu'il faut savoir exercer sur d'autres plans.

Dans la Science initiatique, lire, c'est être capable de déchiffrer le côté subtil et caché des objets et des créatures, d'interpréter les symboles et les signes placés partout par l'Intelligence cosmique dans le grand livre de l'univers. Et écrire, c'est marquer ce grand livre de son empreinte, agir sur les pierres, les plantes, les animaux et les hommes par la force magique de son esprit. Ce n'est donc pas seulement sur le papier qu'il faut savoir lire et écrire, mais dans toutes les régions de l'univers.

3 novembre

***L**e bien n'est pas encore Dieu Lui-même ; il est une manifestation de Dieu, mais il n'est pas Dieu. Dieu est au-dessus du bien et du mal, nous ne pouvons savoir ce qu'Il est. Mais puisque le bien est une manifestation de Dieu, en pensant au bien nous nous lions à Lui : notre conscience se déplace, elle sort de la région des ténèbres où sont les souffrances, les angoisses, les terreurs et elle va rejoindre le Centre, le Principe créateur.

Puisque c'est Dieu qui a tout créé, Il connaît les propriétés de tous les éléments, de toutes les forces, de toutes les créatures et Il nous donnera les moyens de remédier à nos lacunes. Nous, nous ne pouvons pas tout savoir – c'est tellement vaste et immense ! – mais Lui a toutes les possibilités, et c'est donc à Lui qu'il faut recourir pour demander de l'aide, car Il est au-dessus du bien et du mal.

4 novembre

*D*ans leurs relations les uns avec les autres, les humains sont toujours poussés à résoudre les problèmes par la force. Et voilà qu'au contraire tout se complique, tout s'envenime, car, par cette attitude, c'est la nature inférieure qu'ils provoquent chez les autres, c'est-à-dire un désir de leur tenir tête, de riposter, ou même de les exterminer. La force suscite toujours l'hostilité, et il s'ensuit des années et des siècles de bagarre sans qu'on n'arrive jamais à rien résoudre.

La solution, c'est de faire preuve de bonté, d'amour, d'humilité. Bien sûr, tout ne s'arrange pas immédiatement, car si vous vous montrez gentil et humble, les autres commencent par penser que vous êtes faible, stupide, et ils en profitent pour continuer à vous piétiner. Mais après quelque temps, quand ils s'aperçoivent que votre attitude n'est pas dictée par la faiblesse, mais, au contraire, par une grande puissance spirituelle, ils en arrivent à se montrer plus conciliants, et tout s'arrange.

5 novembre

*E*n général, on ne pense pas combien il est essentiel de cultiver le contentement. Les humains vivent dans un état de critique, d'insatisfaction, de révolte, sans savoir que ce mécontentement est en réalité l'expression d'un manque d'amour. Pourtant, le contentement ne peut être basé sur le sentiment, car le cœur n'est heureux que lorsqu'il a tout ce qu'il désire, ce qui n'arrive que de temps à autre, et pour un moment. Le sentiment n'est donc pas une base très sûre. Tandis que si vous prenez comme base du contentement l'intelligence, la raison, la pensée, même si vous êtes mécontent, vous saurez que vous devez être content et en peu de temps votre raisonnement chassera les nuages.

Il faut savoir qu'un mécontentement prolongé, conscient ou inconscient, désagrège, abîme quelque chose dans l'être et le pousse à agir négativement. La meilleure méthode pour anéantir les mauvaises conséquences du mécontentement (que certains entretiennent, nourrissent inconsciemment durant des années), c'est de remercier sans arrêt plusieurs fois par jour, même s'il n'y a pas de raison de remercier. Le remerciement est tout simplement comme un antidote contre le poison provoqué par le mécontentement.

6 novembre

*D*e plus en plus de gens se plaignent qu'il leur manque « quelque chose ». Bien sûr, il leur manque quelque chose, mais ils ne savent pas quoi, et ils pensent qu'ils le trouveront toujours dans des acquisitions matérielles ou quelques expériences nouvelles : une liaison, un voyage, un changement dans leur profession… Non, ce dont ils ont besoin vient de l'âme et de l'esprit, mais comme ils n'ont qu'une très vague idée de ce que sont l'âme et l'esprit, c'est toujours le corps, le cœur ou l'intellect qu'ils essaient de satisfaire. Or, la nourriture du corps, du cœur ou de l'intellect n'est pas la nourriture de l'âme et de l'esprit.

Tant que les humains refuseront d'explorer les domaines de l'infini (qui est celui de l'âme) et de l'éternité (qui est celui de l'esprit), au fond d'eux-mêmes ils se sentiront toujours insatisfaits.

7 novembre

*U*n homme doit aimer toutes les femmes, et une femme doit aimer tous les hommes… Mais cela ne signifie pas que chacun doive être infidèle à sa femme ou à son mari. Non, il faut être fidèle, mais savoir qu'un seul homme, une seule femme ne pourra jamais tout vous donner, et donc, que vous-même vous ne pouvez pas non plus tout donner à votre mari ou à votre femme.

C'est pourquoi le mari et la femme doivent vivre ensemble, travailler ensemble, mais laisser l'autre libre d'aimer le monde entier. Oui, qu'ils s'aiment, qu'ils restent ensemble, qu'ils ne se séparent pas, mais qu'ils élargissent leur conception de l'amour, car ce n'est qu'à cette condition que leur amour pourra durer.

8 novembre

*L*es humains ont amené jusqu'à la perfection la vie des cinq sens. Ils s'imaginent que, de cette façon, ils sauront tout, ils connaîtront tout. Ils connaissent beaucoup de choses, c'est vrai, mais l'activité des cinq sens dévore toutes leurs énergies psychiques et il ne leur reste plus rien pour éveiller d'autres facultés de perception. Trop de sensations !

De plus en plus, c'est évident, les humains courent à la poursuite de sensations fortes : voir, entendre, goûter, s'amuser, se bagarrer, crier… Ils s'imaginent que toute la vie est là. Non, ce n'est qu'une partie seulement. On vit, ça c'est vrai, on vit, mais c'est un degré de vie qui cache la vraie vie ! On cherche toujours trop bas… alors que c'est en haut qu'il faut chercher. Celui qui arrivera à comprendre cela, s'efforcera d'éliminer beaucoup de sensations qui empêchent la véritable compréhension, la véritable vision ; il cherchera à s'élever par la pensée afin d'avoir des sensations d'une autre nature, d'une autre qualité, qui lui ouvrent les merveilles du monde spirituel.

9 novembre

Il est inutile d'aspirer à de grandes réalisations spirituelles tant que vous ne parviendrez pas à interrompre le cours bruyant et désordonné de vos pensées et de vos sentiments, car c'est eux qui empêchent que s'établisse en vous le vrai silence, celui qui répare, apaise, harmonise…

Quand vous êtes arrivé à réaliser ce silence, vous communiquez imperceptiblement à tout ce que vous faites un rythme, une grâce. Vous vous déplacez, vous touchez des objets et c'est comme si tout en vous n'était que danse et musique. Ce mouvement harmonieux qui se transmet à toutes les cellules de votre organisme non seulement vous fait du bien, mais il agit aussi bénéfiquement sur tous les êtres qui vous entourent : ils se sentent allégés, libérés, éclairés, et ils sont ensuite poussés à faire des efforts pour retrouver ces sensations qu'ils ont vécues auprès de vous.

10 novembre

*D*ans le passé de nombreux artistes recevaient l'enseignement d'une École initiatique où on leur révélait comment s'élever vers les régions supérieures pour y capter des formes, des couleurs, des sons. Lorsqu'ils arrivaient à exprimer dans leurs œuvres ce qu'ils avaient reçu au cours de leurs méditations, leurs contemplations, ces œuvres agissaient sur les humains, les entraînaient à prendre le même chemin vers les hauteurs. C'est pourquoi, depuis des siècles, ces créations agissent encore sur nous.

Maintenant les artistes sortent des Académies avec toutes sortes de diplômes, mais ils ne connaissent aucune loi initiatique et ils font toutes sortes de théories pour expliquer que leur art abstrait contient une philosophie, une pensée que la foule ne peut pas comprendre. Vous regardez un tableau, vous le tournez dans tous les sens… Que contient-il ? Qu'exprime-t-il ? Rien, des idioties, des absurdités. Les artistes eux-mêmes ne savent pas ce qu'est l'art, son rôle, sa mission. Et pourtant, c'est simple, cela peut se résumer en deux mots : la mission de l'art, c'est de faire retourner les humains vers leur patrie céleste.

11 novembre

U*ne* personne vient me demander un conseil pour sa santé : elle est allée consulter tous les médecins, elle a pris tous les remèdes, mais rien ne s'améliore. Je lui dis : « Puisque vous avez tout essayé et que ça n'a pas marché, essayez maintenant un remède auquel vous n'avez pas pensé. Chaque jour mettez-vous en harmonie avec les créatures sublimes dans l'univers, dites-leur : « Je vous aime, je suis en accord avec vous, je veux accomplir la volonté de Dieu… » et peu à peu vous sentirez une amélioration. »

Si les humains sont malades, c'est qu'ils ont dérangé quelque chose de l'ordre intérieur que la nature avait installé en eux ; c'est pourquoi ils reçoivent des leçons : pour apprendre à rétablir l'harmonie. Car tout l'univers chante cette harmonie et celui qui ne la respecte pas est brisé.

12 novembre

Quand vous avez pris froid, au lieu de commencer par avaler toutes sortes de médicaments, buvez plusieurs tasses d'eau très chaude et prenez aussi des bains de pieds, les plus chauds possible afin de transpirer et d'éliminer les toxines. C'est ainsi que vous irez mieux. D'autant plus qu'en prenant un bain de pieds chaud vous agirez sur votre plexus solaire (car les pieds sont liés au plexus solaire) qui agira à son tour sur l'ensemble de l'organisme.

Combien de fois vous avez entendu parler de ces méthodes dont l'efficacité a été vérifiée ! Mais vous êtes têtu : à la moindre indisposition vous préférez vous gaver de médicaments ; boire deux ou trois tasses d'eau chaude, prendre un bain de pieds, ah non, c'est trop simple, c'est trop bon marché, cela ne peut pas être efficace ! Eh bien, c'est là que vous vous trompez.

13 novembre

*L*e mariage, le véritable mariage, tel que les plus grands Initiés l'ont toujours compris, est l'union des deux principes masculin et féminin, l'esprit et la matière, un travail de l'esprit sur la matière pour donner naissance à une vie parfaite.

La matière est opaque, inerte, sans forme, et l'esprit va vers elle pour la rendre vivante, lumineuse, expressive. Tandis que l'esprit, lui, est tellement subtil et insaisissable qu'il a besoin de trouver une matière pour se concrétiser et se condenser. Quand l'esprit est parvenu à rendre la matière plus subtile, quand la matière est arrivée à condenser l'esprit, ils réalisent une unité, une fusion extraordinaire, et c'est cela le véritable mariage.

14 novembre

L'amour est un échange, et les échanges n'existent pas seulement dans le plan physique : deux êtres peuvent faire des échanges à distance, par le regard, par la pensée, par la parole, sans se toucher.

Il n'est pas nécessaire non plus de ne faire que des échanges avec les humains. Et si vous n'avez pas encore trouvé un homme ou une femme qui vous inspire, vous pouvez faire ces échanges avec des créatures célestes, des entités belles, pures, lumineuses, et vous sentirez à ce moment-là combien vous vous épanouissez. Au lieu de vouloir embrasser un homme ou une femme, pourquoi ne pas vouloir embrasser le ciel, le soleil, les étoiles ? Vous direz : « Quoi ? Aimer le soleil, les étoiles, au lieu d'aimer un homme ou une femme ? Mais c'est insensé ! » Non, c'est seulement vous qui êtes ignorant.

15 novembre

*T*âchez de ne satisfaire chez les êtres que leur nature divine, leur âme, leur esprit. Ne servez pas leur nature inférieure, égoïste, avide, exigeante… Vous direz : « Oui, mais si je ne satisfais pas ses caprices, ma femme, mon mari sera furieux. » Laissez le mari ou la femme être furieux et servez seulement leur côté divin.

Jésus disait : *« Laisse les morts enterrer les morts et toi, le vivant, suis-moi ! »* Si on interprète largement ces paroles, on fera des découvertes très intéressantes. Pourquoi les hommes et les femmes ont-ils tellement de problèmes entre eux ? C'est parce qu'ils suivent les morts. Oui, la nature inférieure, la personnalité, est à classer parmi les morts, et si on cherche tellement à la contenter et à satisfaire ses caprices, on finit par mourir aussi soi-même. Jésus ne voulait pas parler des morts des cimetières, ils sont là où ils doivent être, et d'ailleurs leur âme est vivante. Les morts dont parlait Jésus sont les êtres qui n'ont aucune vie spirituelle : ce sont eux les vrais morts.

16 novembre

*D*ans la plupart des mythologies, la montagne est présentée comme le séjour des dieux. Cela peut être considéré comme un symbole, mais c'est aussi une réalité : les hauts sommets des montagnes sont comme des antennes grâce auxquelles la terre touche le Ciel, et c'est pourquoi ils sont habités par des entités pures et très puissantes.

Plus l'homme s'élève sur les montagnes, plus il rencontre le silence, et dans ce silence il découvre l'origine des choses, il s'unit à la Cause première, il entre dans l'océan de la lumière divine.

17 novembre

Ce qui empêche vos facultés spirituelles de s'épanouir, c'est cette très mauvaise habitude que vous avez d'être toujours pressés. Évidemment, la rapidité, l'activité, le dynamisme sont de très bonnes qualités qu'il faut développer car elles sont utiles dans le plan physique. Mais il faut savoir aussi s'arrêter pour introduire en soi un rythme plus lent, plus paisible, plus harmonieux afin de permettre à d'autres forces, à d'autres entités, de nature spirituelle, de se mettre au travail.

Il n'est pas nécessaire d'être toujours occupé à droite et à gauche, d'être pressé, de courir. Habituez-vous à prendre de temps en temps un moment de répit et dites-vous qu'au moins pour quelques minutes vous pouvez être, enfin, face à face avec l'éternité, avec le soleil, avec la nature, avec les êtres lumineux, avec vous-même… Vous sentirez les forces divines s'éveiller et s'installer en vous pour vous transformer.

18 novembre

*T*ous ceux qui pensent qu'en entrant dans une confrérie initiatique ils seront asservis et limités sont dans l'erreur. C'est là au contraire qu'ils se trouveront libres et heureux. La vraie réalisation n'est possible que dans cette confrérie, la seule, la vraie, la Grande Fraternité Blanche Universelle qui est en haut et dont ici, sur la terre, notre fraternité n'est qu'un reflet.

Et si vous croyez maintenant que cela dépend de vous d'y entrer ou de ne pas y entrer, vous vous trompez. Quelqu'un dit qu'il ne veut pas appartenir à cette confrérie. En réalité, c'est qu'on ne l'y accepte pas ; s'il était digne d'être accepté, il n'aurait que le désir d'y entrer. Un autre dit : « Mais je n'ai rien fait et pourtant j'ai été accepté dans la Fraternité Blanche Universelle. » Oui, mais la Fraternité ici, c'est comme une salle d'attente, ce n'est pas encore le Saint des Saints. Pour être accepté là-haut, c'est beaucoup plus difficile, mais une fois que vous êtes accepté, votre nom est inscrit, et vous recevez tous les jours de l'aide et des présents du Ciel.

19 novembre

*T*ant que les humains s'obstinent à transgresser les lois établies par l'Intelligence cosmique, ils ne recevront rien des bonnes influences et des courants célestes. Rien ne peut s'infiltrer en eux, tout coule à côté parce qu'ils sont là, négligents, insoumis, anarchiques.

La terre doit s'humilier, la terre doit s'incliner, elle doit se soumettre et accomplir les ordres du Ciel. La terre, c'est nous-mêmes, notre nature humaine ; et le Ciel, c'est notre esprit, notre étincelle divine, notre Moi supérieur. Notre terre doit donc s'harmoniser avec cette étincelle, avec cet esprit divin en nous. L'homme ne peut être heureux qu'au moment où se fait en lui l'accord entre sa nature terrestre et sa nature céleste.

20 novembre

Faites votre travail spirituel et laissez ce travail vous recommander auprès des autres. C'est votre travail qui parlera pour vous. Il faut continuer jusqu'au bout, mourir debout, mais ne jamais renoncer au travail. Il n'est pas déshonorant de tomber, le seul honneur c'est de mourir fidèle au poste, comme un capitaine sur son bateau. Puisqu'on doit fatalement mourir un jour, autant mourir comme il faut ! Il faut tout sacrifier au travail et c'est le travail qui vous donnera le reste ; s'il est bien fait, même la gloire peut venir. Voilà ce qu'on n'a pas encore compris.

Tous ceux qui ne cherchent que le gain ou la gloire sans se préoccuper de la façon dont ils feront leur travail, vont au-devant de déceptions. Vous n'avez la richesse et la gloire, les vraies, que si vous faites honnêtement votre travail avec la lumière.

21 novembre

*V*ous avez un moment de grande joie ? Vous devez vous attendre à rencontrer quelque désagrément de la part des événements ou de votre entourage. Oui, il faut vous y attendre, et si vous êtes insouciant, vous serez pris au dépourvu.

Quand vous avez des moments de bonheur spirituel, ne vous endormez pas, restez vigilant, parce que l'autre côté est là qui attend pour vous attaquer, et si vous vous laissez surprendre, vous pouvez perdre tous les avantages que vous aviez acquis. Ce sont des lois : comme tout est lié, un mouvement produit dans une région déclenche un autre mouvement dans la région opposée.

22 *novembre*

*V*ous êtes habitué à des professeurs, des conférenciers dont n'importe qui peut voir et comprendre le travail. Un Maître spirituel au contraire a une activité qui échappe à notre compréhension ordinaire, car elle s'exerce avant tout dans les plans subtils. Même si lui aussi fait des conférences ou reçoit des personnes pour les réconforter, les éclairer, en réalité, c'est dans l'invisible qu'un Maître spirituel agit véritablement avec son âme, son esprit, son verbe. Tout son être se projette dans l'espace comme s'il se pulvérisait, et chaque particule entre comme un élément de lumière et de paix dans la construction de la nouvelle vie.

23 novembre

En s'efforçant de démontrer qu'il n'existe aucun Dieu, aucune Providence, aucun Ciel, aucun espoir de vie après la mort, les penseurs matérialistes ont nié tout ce qui donne son sens à l'existence humaine : la réalité de l'âme et de l'esprit. Ils ont prétendu que la religion était « l'opium du peuple » et qu'il suffisait à l'homme, pour être heureux, d'avoir de quoi se nourrir, se loger, fonder une famille et étudier.

Or, que se passe-t-il en réalité ? Même lorsqu'il a donné à son corps, à son cœur et à son intellect tout ce qu'ils demandent, l'homme n'est pas satisfait. Il a négligé de nourrir l'âme et l'esprit et ce sont eux qui réclament ! Voilà pourquoi la drogue, qui se répand de plus en plus dans le monde, est un avertissement. C'est l'âme qui essaie de faire comprendre ses besoins : elle étouffe et elle se sert de la drogue pour se libérer. Il fallait se débarrasser de cet opium qu'est la religion ? Voici maintenant la marijuana, l'héroïne, la cocaïne… Est-ce préférable ?

24 novembre

*L*a vie n'est qu'une circulation, un transvasement d'énergies. C'est pourquoi la Science initiatique a donné l'image du fleuve de la vie qui jaillit de la Source divine et descend pour alimenter toutes les régions de l'univers.

D'après la Kabbale, ce fleuve coule d'abord dans la première séphira, *Kéther*. *Kéther* se remplit, déborde et se déverse dans la séphira suivante, *Hohmah*. *Hohmah* se remplit et, à son tour, lorsqu'elle déborde, l'eau est recueillie par *Binah*. Quand *Binah* est remplie, l'eau se déverse dans *Hessed*... De *Hessed* à *Guébourah*, de *Guébourah* à *Tiphéreth*, de *Tiphéreth* à *Netsah*, de *Netsah* à *Hod*, de *Hod* à *Iésod*, le fleuve de vie descend jusqu'à *Malhouth*, la terre. Les séphiroth* sont les vases sacrés que remplit la source inépuisable de la vie.

* Voir note et planche p. 392-395.

25 novembre

*L*es pires difficultés et les souffrances commencent pour l'homme au moment où il se met à penser qu'il est le seul maître de sa destinée, qu'il n'y a ni Providence, ni entités lumineuses pour le diriger, le soutenir. C'est ainsi qu'il coupe tous les liens avec le Ciel. Il n'est plus alors l'enfant à l'abri des soucis, parce qu'il ne compte plus sur son Père et sa Mère célestes, et toutes les souffrances commencent à fondre sur lui : il a cessé de se sentir enfant de Dieu.

Pour résoudre vos problèmes, pour être toujours aidé, nourri, éclairé, vous ne devez jamais couper le lien avec le Ciel, car le Ciel ne laisse jamais son enfant pleurer solitaire.

26 novembre

***P**ar combien de révolutions l'histoire a été traversée ! Combien de fois les humains ont fait l'expérience des changements ! Mais la situation n'a jamais été très profondément améliorée. Pourquoi ? Parce que malgré ces changements les humains ne sont pas sortis du cercle vicieux de leurs convoitises et de leurs instincts mal maîtrisés.

Tant qu'il n'y a pas d'amélioration dans les mentalités, aucune situation ne s'améliorera vraiment. Il faut sortir de la région des appétits inférieurs, et à ce moment-là, oui, les changements seront de véritables améliorations. Mais avec les mêmes matériaux, avec les mêmes éléments, quelles que soient les combinaisons que vous envisagiez, vous continuerez à vivre les mêmes désordres et les mêmes tribulations.

27 *novembre*

*S*i on fait un barrage sur une rivière sans prévoir d'autres voies d'écoulement, il arrivera un moment où elle va déborder et tout inonder, car le barrage n'empêche pas l'eau de couler. Eh bien, c'est la même chose pour l'être humain : s'il veut refouler ses instincts et particulièrement l'instinct sexuel, les tensions s'accumulent dans le subconscient et il arrive un moment où tout est emporté. Il ne faut pas bloquer les énergies mais il ne faut pas non plus les gaspiller. La solution, c'est de leur donner un chemin pour qu'elles puissent irriguer toute votre terre : comme les Égyptiens dans le passé qui avaient creusé des canaux pour que les eaux du Nil puissent fertiliser leur pays.

En réalité, c'est la nature elle-même qui s'est déjà chargée d'installer en l'homme des canalisations grâce auxquelles les énergies sexuelles peuvent être dirigées vers le cerveau. Et ce n'est pas parce que les anatomistes ne les ont pas encore découvertes et décrites que vous ne devez pas essayer de travailler dans ce sens pour devenir chaque jour plus lucide, plus intelligent, plus créateur.

28 novembre

L’orgueilleux est celui qui s’imagine qu’il ne dépend de rien ni de personne, exactement comme une lampe qui prétendrait donner de la lumière en oubliant que c’est la centrale électrique qui lui fournit le courant.

L’homme humble, au contraire, sait qu’il n’est pas un être isolé, que rien ne dépend de lui et que s’il ne reste pas lié au Ciel, il n’aura ni force, ni lumière, ni sagesse ; il sent qu’il est le maillon d’une chaîne infinie, le conducteur d’une énergie cosmique qui vient de très loin et qui, à travers lui, coule vers les autres hommes. L’homme humble est une vallée arrosée par l’eau qui descend des sommets pour fertiliser les plaines, il reçoit les forces jaillissantes de la montagne et il connaît alors l’abondance. Tandis que l’orgueilleux qui croit ne dépendre que de lui-même en oubliant l’origine des courants qui se manifestent à travers lui, finit, tôt ou tard, par tout perdre. On n’a pas encore compris toute la richesse de l’humilité.

29 novembre

Si vous étiez plus attentif, si vous aviez plus de discernement, vous sentiriez qu'avant chaque entreprise importante de votre vie (que ce soit un voyage, un travail, une décision à prendre), une voix intérieure vous conseille. Mais vous ne faites pas attention, parce que vous préférez le tapage et les tempêtes. Pour que vous écoutiez l'être qui vous parle, il faut qu'il fasse beaucoup de bruit. S'il parle doucement, vous ne l'écoutez pas.

Pourtant, vous devez savoir que lorsque les êtres supérieurs vous parlent, ils ne vous disent que quelques mots et d'une voix presque imperceptible. Quand, par votre faute, il vous est arrivé un malheur, parfois vous vous dites : « Oui, bien sûr, il y avait bien quelque chose, là, qui m'avait averti, mais c'était si faible, si faible… » Vous n'avez pas écouté parce que vous avez préféré suivre les voix qui vous parlaient beaucoup et très fort pour vous induire en erreur.

30 novembre

*L*es quatre éléments ont été définis par rapport aux quatre états de la matière : solide, liquide, gazeux, igné. Tout ce qui est solide, les Anciens l'appelaient terre ; tout ce qui est liquide, eau ; tout ce qui est gazeux, air ; et tout ce qui est igné – c'est-à-dire la chaleur, la lumière – feu.

On retrouve les quatre éléments dans la nourriture que nous prenons tous les jours, puisque cette nourriture présente les quatre états de la matière : solide, liquide, gazeux, igné. C'est pourquoi les repas peuvent devenir une occasion de communier avec les Anges des quatre éléments à travers la nourriture : l'Ange de la terre pour qu'il nous apporte la fermeté, la solidité, car c'est lui qui donne la base, sans lui rien ne peut subsister ; l'Ange de l'eau pour qu'il nous apporte la vie et la pureté ; l'Ange de l'air pour qu'il nous apporte l'intelligence, la subtilité, la rapidité ; et enfin, l'Ange du feu pour qu'il nous apporte la lumière et le feu de l'amour divin.

1er décembre

Comment se fait-il que les gens soient si convaincus d'avoir raison sur tout : sur la religion, la politique, l'amour ?… Quelques années après ils ont changé, et leurs idées avec eux, mais ils croient toujours avoir raison. Dans leur jeunesse ils ont pensé d'une façon, adultes ils pensent d'une autre, et dans la vieillesse ils penseront encore différemment. Alors, pourquoi chaque fois tiennent-ils si fort à leurs idées ? Ils devraient se dire : « Puisque j'ai changé tellement de fois d'opinions, qui me dit que maintenant je suis dans le vrai ? » Oui, même à quatre-vingt-dix-neuf ans on doit se dire : « J'attends encore pour me prononcer, d'ici quelques milliers d'années peut-être j'y verrai plus clair ! »

C'est bien d'être convaincu, mais pas convaincu de ses capacités de jugement, car elles sont limitées, incomplètes. Vivez encore un peu et vous changerez encore. Oui, car les opinions varient sans cesse selon ce qu'on a vécu et le niveau auquel on l'a vécu.

2 décembre

Pour trouver Dieu, il faut au moins L'aimer. Ce n'est pas que Dieu ait besoin de notre amour. Si les grands Maîtres de toutes les religions ont enseigné aux hommes l'amour de Dieu, c'est parce qu'ils connaissent une loi magique qui n'est que la correspondance, dans le monde spirituel, de faits que nous pouvons voir tous les jours dans le plan physique.

Vous lancez une balle contre un mur : il vous la renvoie. Vous lancez dans la montagne des paroles contre une paroi rocheuse : elles vous reviennent en écho. De la même façon, lorsque vous envoyez votre amour vers Dieu, vous déclenchez cette même loi et l'amour divin est obligé de revenir vers vous. Dieu n'a pas besoin de nous, mais nous avons besoin de Lui, et c'est par notre amour seulement que nous pouvons L'attirer jusqu'à nous.

3 décembre

Aucun de vos efforts ne peut être perdu ; même si pour le moment vous ne réussissez pas, tout ce que vous faites reste acquis pour plus tard. Un jour, tous les efforts que vous avez accomplis demanderont au Ciel de leur accorder une réalisation, et le Ciel la leur accordera, parce que telle est la loi.

Ceux qui ne comprennent pas ces choses disent : « Celui-là n'a rien fait, et il reçoit tout, alors que moi qui travaille, je n'ai rien, je suis dans la misère », et la jalousie les ronge. En réalité, cette personne qui vous paraît tellement privilégiée avait déjà fait des efforts dans le passé. Un génie comme Mozart, par exemple, avait déjà étudié la musique dans de précédentes incarnations, c'est pourquoi il manifestait déjà très jeune des dons exceptionnels. Il n'y a pas de grands résultats si l'on n'a pas déjà appris et travaillé. Tout est une question d'efforts et de temps. En voyant que vous êtes sincère et persévérant, les forces de la nature elles-mêmes viendront vous aider, car elles sont fidèles et véridiques.

4 décembre

Chaque chose possède son double dans la nature. Quoi que vous fassiez, vous le faites en double. Si vous aidez quelqu'un ou si vous lui faites du mal, l'original de cette action s'en va, mais elle laisse son sceau en vous-même : un cliché, un souvenir, une signature. Si c'est du bien que vous avez fait à quelqu'un, ce bien est parti, il vous a quitté, mais il a laissé une trace au-dedans de vous, une empreinte de la même nature que lui. Et si c'est du mal, ce mal aussi vous quitte, mais il laisse un double exactement de la même nature qui continue à travailler, à démolir et à désagréger.

Regardez ce qui se passe par exemple quand un homme a commis un crime. Pourquoi est-il toujours poursuivi par un souvenir, un cliché qui revient, qui ne le laisse pas tranquille ? Pourtant, le crime est fait, c'est fini, c'est du passé, il n'en reste pas de traces visibles et le criminel pourrait être tranquille. Oui, mais le double est resté, et c'est lui qui produit ces souvenirs, ces images dont il n'arrive plus à se débarrasser, ces reproches que lui fait sa conscience et dont il ne pourra se libérer que lorsqu'il aura réparé.

5 décembre

***T**ous ceux qui ont fait du bien aux autres, qui les ont aidés, soutenus, trouvent normal d'attendre un peu de gratitude de leur part, tout au moins une approbation. Oui, c'est normal, bien sûr, mais il vaut mieux ne rien attendre. Parce que celui qui attend l'approbation, la reconnaissance, entre dans le monde des insatisfactions, des reproches, des rancunes et des tourments. Vous direz : « Mais alors, le bien que nous faisons ne sera jamais reconnu ? » Si, mais il ne faut pas attendre qu'il le soit.

Tous les sages, les Initiés connaissent une loi sur laquelle ils règlent leur existence : la loi des causes et des conséquences. Tout ce qu'ils font, ils savent que, tôt ou tard, l'effet en reviendra sur eux : si c'est un acte bon, l'effet sera bénéfique ; et s'il est mauvais… Voilà sur quelle loi les sages basent leur existence et vous devez faire comme eux.

6 décembre

Si vous voulez être toujours digne d'estime, vous devez, quoi qu'il arrive, vous montrer à la hauteur de la situation. À ce moment-là, même si on vient vous adresser des reproches, même si on vient vous humilier, vous éclabousser, en réalité on ne pourra ni vous atteindre ni vous salir. C'est vous-même seulement qui avez le pouvoir de vous salir, personne d'autre, c'est une loi. Personne ne peut vous diminuer si vous-même vous ne vous compromettez pas.

Si vous êtes toujours lié au Ciel, occupé uniquement à accomplir la volonté de Dieu, quoi qu'on fasse extérieurement, vous serez toujours grand, vous serez toujours lumineux. Parce que ce ne sont pas les humains qui sont les plus puissants, c'est le Ciel, et c'est lui qui vous protège.

7 décembre

*L*a plupart des gens ne pensent qu'à eux-mêmes : ce qui leur convient, ce qui ne leur convient pas ; ce qu'ils gagnent, ce qu'ils perdent… C'est pourquoi ils sont tellement aveugles sur les réalités de la vie : parce qu'ils n'ont jamais voulu sortir de leur point de vue. Ils mesurent tout, ils pèsent tout, ils se prononcent sur tout d'après leurs goûts, leurs partis pris, c'est-à-dire d'après leur nature inférieure, et ils ne savent pas combien ils peuvent être ainsi loin de la vérité ! Tant qu'on ne sort pas de son point de vue tellement limité, on ne peut pas voir les choses telles qu'elles sont. Alors, voilà les mensonges, les illusions, les égarements, les erreurs…

8 décembre

Quand Jésus disait : *« Que ta volonté soit faite sur la terre comme au ciel »*, il voulait dire qu'il est nécessaire de créer un lien, une circulation d'énergies entre le ciel et la terre, jusqu'à ce que l'harmonie, l'ordre, la beauté qui sont en haut s'installent en bas sur notre terre, c'est-à-dire aussi en nous-même. Car Jésus ne parlait pas d'une terre extérieure à l'homme ; c'est tout d'abord en nous que doit s'installer le Royaume de Dieu. S'il s'installait dans le monde alors que les hommes sont encore tellement anarchiques et violents, ça ne servirait à rien, ils le détruiraient immédiatement. Ce n'est qu'au moment où le Royaume de Dieu descendra en l'homme qu'il s'installera aussi dans le monde.

Jésus travaillait pour le Royaume de Dieu, pour la fraternité universelle, mais on ne l'a pas compris. C'est à nous maintenant de continuer son travail, d'installer en nous le même ordre, la même harmonie qui existent en haut. Voilà quel doit être notre programme !

9 décembre

Un orchestre, ou une chorale, est un symbole de l'accord, de l'harmonie qui devrait régner entre les êtres… une harmonie qu'on ne voit malheureusement presque nulle part. Tous sont éduqués à n'en faire qu'à leur tête, personne ne pense à s'accorder, à s'harmoniser avec les autres. C'est pourquoi la désharmonie est l'état le plus propagé dans le monde, tellement propagé que même quand on se trouve dans une École initiatique, on continue à cultiver cette attitude anarchique. Chacun veut n'en faire qu'à sa tête, et l'instructeur, le pauvre, est là tout seul à regarder cette pagaille.

Il faut comprendre désormais qu'un instructeur est comme un chef d'orchestre : il est là pour faire régner l'harmonie, c'est pourquoi chacun doit s'accorder avec lui. Il est le diapason, et quand tous seront accordés, ils seront comme des harpes au travers desquelles le vent en passant fera entendre une merveilleuse musique. Mais il faut un diapason, et c'est cela un instructeur, un Maître : un diapason.

10 décembre

*U*ne flamme est tellement faible qu'il suffit d'un souffle pour l'éteindre. Mais si vous la nourrissez, elle peut devenir un véritable brasier et les mêmes souffles qui la menaçaient vont au contraire la renforcer au point que rien ne pourra plus lui résister.

La flamme est un symbole de l'esprit : si vous ne l'alimentez pas, à la moindre difficulté, elle va s'éteindre. On rencontre beaucoup de gens comme ça dont l'esprit est presque éteint : dès qu'ils rencontrent un obstacle, ils capitulent, et c'est fini. D'autres au contraire ont su renforcer leur esprit par la prière, la méditation, la contemplation, et non seulement les obstacles ne les arrêtent pas, mais ils les poussent à aller encore plus loin avec encore plus d'ardeur. Donc, les mêmes difficultés qui terrassent les faibles, renforcent tous ceux qui sont véritablement animés par l'esprit.

11 décembre

Tout ce qui existe sur la terre a son origine en haut dans le plan divin. Au commencement il y a l'esprit, et la matière physique n'est rien d'autre qu'une condensation de la pensée du Créateur.

Il est très important pour l'homme d'avoir cette philosophie de la primauté de l'esprit, car grâce à elle il a le pouvoir de remédier à toutes les situations. Aussi longtemps qu'il croit que c'est le plan physique, et donc les conditions du plan physique qui commandent, il restera toujours chétif, vulnérable, à la merci des circonstances. Selon la philosophie que vous embrassez, la philosophie de la matière ou celle de l'esprit, vous êtes faible ou bien vous êtes fort et puissant.

12 décembre

*L*orsque vous vous servez à boire, prenez l'habitude de tenir votre verre quelques secondes dans la main en disant : « Je te salue, gentille eau, pure et vivante ; toi, servante de Dieu, introduis en moi la pureté. » Vous sentirez alors tout votre être s'imprégner d'un fluide subtil. Regardez l'eau et identifiez-vous à elle. Imaginez que vous avez, vous aussi, cette transparence, cette limpidité du cristal. Peu à peu, elle ne sera plus uniquement pour vous un liquide incolore et insignifiant dont vous vous servez pour faire la cuisine ou la lessive, vous laver, etc., mais vous sentirez s'ouvrir en vous la source des merveilles ; les êtres et les choses se manifesteront à vous au-delà de leur apparence matérielle, tels qu'ils sont dans leur réalité.

13 décembre

L'amour vient du ciel et retourne au ciel. Il n'existe pas deux, trois, ou quatre amours, c'est toujours le même amour, mais compris ou vécu à des niveaux différents. D'où viendrait l'amour humain si ce n'était pas Dieu Lui-même qui en était la source ? On dit que Dieu est amour, mais on ne sait pas ce qu'est cet amour et on sépare l'amour physique, l'amour sensuel, de l'amour divin. Non, il n'y a pas de séparation, ce sont des manifestations de la même force, de la même énergie qui vient de très haut.

Vous n'avez pas encore assez de lumière sur le nombre un, indivisible. C'est cela l'amour justement : le nombre un, et c'est ce nombre qui produit tous les autres ; deux, trois, quatre ne sont que des manifestations du un. Dieu est un, l'amour est un, et Dieu est amour. Tout ce qui n'est pas le un est en réalité un aspect du un ; c'est pourquoi il faut retourner vers l'unité. Nous sommes dans la multiplicité, nous sommes à la périphérie, et lorsqu'on dit qu'il faut retourner vers l'unité, cela signifie qu'il faut retourner vers Dieu, vers cet amour qui est un.

14 décembre

*L*a majorité des humains sont là désœuvrés, à perdre leur temps et leurs énergies dans des activités qui ne leur apportent rien de bon. Alors il est temps qu'ils se mobilisent dans un travail gigantesque, lumineux, pour que le Royaume de Dieu et sa Justice viennent enfin sur la terre. Pour le moment combien, même parmi vous, participent vraiment à ce travail ? Posez-vous sincèrement la question. Vous êtes encore indécis, flottant, au service de forces aveugles.

Consacrez-vous enfin au service d'une idée divine et ne vous demandez pas ce que vous deviendrez. Des entités s'occuperont de vous : quand elles verront où vous avez travaillé, dans quelle direction, pour quelle raison, elles vous donneront tout ce dont vous avez besoin.

15 décembre

*L*e moment le plus important d'un acte est son commencement, car les forces une fois déclenchées, on ne peut souvent plus les arrêter. Il ne faut jamais rien commencer sans être instruit des conséquences qui découleront de l'action entreprise, ainsi que de la nature des forces que l'on met en jeu. Il est facile de déclencher des énergies, de provoquer des événements, mais il est beaucoup plus difficile de les diriger, de les orienter, de les maîtriser. Ne jouez donc pas aux « apprentis sorciers », souvenez-vous que la puissance de l'homme n'est ni au milieu ni à la fin d'une action, mais seulement au commencement.

Si, par exemple, en vous promenant dans la montagne, vous faites volontairement basculer un bloc de pierre au lieu de le laisser en place, ni votre volonté, ni votre force ne pourront plus ensuite le retenir : il va rouler en écrasant tout sur son passage… Il en va de même pour chaque acte de l'existence ; c'est pourquoi c'est au commencement qu'il faut être sûr que l'on s'engage sur le meilleur chemin, avec les meilleures forces, afin que tout retombe en bénédictions sur soi-même et sur les autres.

16 décembre

*A*cquittez-vous de vos tâches matérielles aussi consciencieusement que possible mais sans oublier de donner toujours la prépondérance au monde de la pensée, à l'idéal, à l'esprit, à la lumière. Celui qui dit : « Ah ! J'aurais pu vivre tellement mieux ! Qu'est-ce qui m'a pris de m'embarquer dans la vie spirituelle ? » prouve qu'il n'a rien compris, rien appris et qu'il n'ira jamais nulle part. Car si malgré toutes les révélations que vous avez reçues, vous n'êtes pas encore convaincus de la splendeur et de la puissance de la vie spirituelle, alors là, même dans le plan matériel vous serez médiocres. Celui qui ne sait pas se déterminer dans le domaine spirituel et qui est là, faible, hésitant, chancelant, ne réalisera pas grand-chose non plus dans le plan matériel.

Tous ceux qui réussissent dans la société ne croient peut-être pas en Dieu, mais ils sont sûrement plus décidés, dynamiques, courageux et actifs que beaucoup de spiritualistes, et c'est pourquoi ils remportent des succès.

17 décembre

*L*a vie est une combustion : nos pensées, nos sentiments, nos actes, toutes nos manifestations sont le résultat d'une combustion. Pour produire l'énergie qui nous fait vivre, il faut qu'il y ait quelque part des matériaux qui se consument. Cette combustion s'accompagne obligatoirement de déchets qu'il faut rejeter, sinon que se passe-t-il ? De même que la lampe à pétrole dont on n'a pas essuyé le verre ne donne plus de lumière, ou que le poêle à charbon dont on n'a pas enlevé la cendre ne peut plus donner de chaleur, de même l'homme qui n'a pas su se débarrasser de ses déchets, s'enfonce dans l'obscurité et le froid, et il finit par perdre la vie.

Malheureusement, les humains qui n'ont jamais réfléchi à ces correspondances s'imaginent qu'ils peuvent tout faire sans se préoccuper d'éliminer les impuretés. Ils se lavent tous les jours, sinon ils savent que les pores de leur peau sont obstrués, ce qui est très préjudiciable à la santé ; eh bien, de la même façon, ils doivent penser à se laver intérieurement afin de libérer les pores de leur peau spirituelle, et c'est ainsi qu'ils rétabliront les communications avec le monde divin.

18 décembre

*V*ous savez ce que dit l'enfant : « J'aime papa, j'aime maman, mais je préfère la confiture. » Toute la mentalité de l'enfant est résumée dans ce mot : la confiture, c'est-à-dire ce qui est facile, agréable, sucré. L'enfant ne sait pas que ce qui est amer et difficile serait sans doute préférable pour lui. Il n'est pas encore arrivé jusqu'à cette sagesse de choisir quelquefois ce qui est désagréable. Et c'est ça le danger, non seulement pour les enfants, mais pour les adultes qui se conduisent souvent comme des enfants. Car derrière cette apparence de plaisir et de charme sont placés les pièges, les désillusions, les amertumes.

Tant que les humains ne sont pas dirigés intérieurement – ou extérieurement – par un guide qui voit plus loin qu'eux, qui a des expériences dont il a su tirer des leçons, ils se laissent entraîner par ce qui est agréable, et ensuite ils se cassent la tête. Alors, évidemment, ils regrettent, mais c'est trop tard !

19 décembre

Observez-vous : lorsque vous êtes mécontent de la vie et que vous souffrez, souvent ce ne sont pas des changements matériels qui vous permettent d'améliorer votre état intérieur, mais des changements dans vos pensées et vos sentiments.

Bien sûr, si vous souffrez physiquement, vous aurez besoin de remèdes physiques. Si vous avez une blessure ou une jambe cassée, même les pensées et les sentiments les meilleurs ne vous guériront pas et ne vous enlèveront pas la douleur (avant qu'ils descendent dans la matière pour y opérer des améliorations, il faut beaucoup de temps) mais ils peuvent vous aider à mieux supporter cette souffrance, car il y a tout de même une action des pensées et des sentiments sur le corps physique. Les pensées et les sentiments harmonieux agissent sur la circulation et purifient le sang, et quand le sang est pur, il contribue plus efficacement à la santé de l'organisme. Même les plaies se cicatrisent mieux et plus vite !

20 décembre

*T*ous les chrétiens sont fiers de Jésus : « Notre Jésus, disent-ils, aucun n'est plus grand que lui ! » Oui, mais Jésus c'est Jésus, et eux que sont-ils ? Des paresseux, des ignorants qui ne font rien pour devenir comme lui.

Combien de disciples font aussi la même chose avec leur Maître ! Ils se disent : « Ah ! notre Maître, il est unique ! » et ils mettent sa photo partout ; ils iraient même se battre pour soutenir qu'ils ont le meilleur Maître, le plus grand, le plus puissant. Mais l'imiter dans son attitude, dans sa philosophie, non. Un Maître est fait pour être glorifié, c'est tout, pas pour être imité. Cessez donc de glorifier votre Maître, mais décidez-vous à prendre quelque chose de ses idées et à les appliquer, ce sera beaucoup mieux.

21 décembre

*J*e n'ai jamais dit que vous deviez vous détourner de l'amour des hommes ou des femmes, mais seulement que vous devez savoir dans quel ordre procéder. Une fois que vous avez placé le Seigneur dans votre cœur, dans votre âme, si vous ne voulez vraiment pas rester seul, vous pouvez vous lier à une autre créature. C'est ainsi qu'agissent les disciples de la Science initiatique. Tout d'abord, ils commencent par apprécier l'Être de tous les êtres, le dispensateur de tous les biens ; ils mettent dans leur âme la Splendeur des splendeurs, la Lumière des lumières, et ensuite ils choisissent celui ou celle dont ils feront leur partenaire.

Oui, le véritable disciple, qu'il soit un homme ou une femme, place d'abord en lui-même le Créateur comme source de l'amour, de la sagesse, de la vérité. Ensuite il cherche la créature qui est la plus capable de le maintenir en liaison avec Lui : il s'arrête auprès d'elle, il la prend comme collaboratrice dans le plan physique ; parce qu'il y a quelque chose en elle qui le rapproche de la Source, c'est une messagère qui lui parle du monde divin. Ce n'est qu'à cette condition qu'il ne perdra jamais son amour.

22 décembre

***L**a vie individuelle doit préparer les conditions pour la vie collective, la vie cosmique, universelle. Une fois que vous vous êtes harmonieusement développé, vous devez entrer comme membre de la collectivité pour la faire bénéficier de vos dons ; et vous ne perdrez rien de vos acquisitions, au contraire, c'est à ce moment-là que vous deviendrez réellement puissant. On dit que l'union fait la force. Pourquoi ne comprendre cela que dans le plan physique ? C'est l'union des hommes et des femmes pour une grande fraternité blanche universelle qui fait la force, et c'est avec cette force qu'on pourra transformer le monde. Jamais le monde ne se transformera tant que chacun se contentera de se développer et de s'enrichir dans son coin. Tous doivent s'unir dans le but unique de créer une formidable puissance pour la réalisation du Royaume de Dieu sur la terre.

Quel sens cela a-t-il d'être individuellement intelligent ou puissant ? Qu'est-ce que cela apporte à la collectivité ? Rien. Et même quelquefois cela ne lui cause que des préjudices, car celui qui reste seul avec sa supériorité en profite surtout pour écraser les autres ou se servir d'eux.

23 décembre

Quand vous donnez, vous recevez, c'est une loi : dans l'univers il ne peut y avoir de vide, et dès qu'il se fait un vide quelque part, immédiatement il se remplit. Lorsque vous venez de vider vos réservoirs intérieurs en donnant votre amour et vos bons souhaits à toutes les créatures, quelque chose arrive immédiatement d'en haut pour vous remplir.

Aimez et l'on vous aimera. Donnez et l'on vous donnera. Donnez même ce qui vous manque et vous l'obtiendrez. Vous désirez être éclairé et vous ne savez pas comment attirer la lumière. Eh bien, c'est très simple : vous serez éclairé en éclairant vous-même celui qui l'est moins que vous, car un autre qui possède plus de lumière viendra vous donner de sa clarté. Si Jésus a dit : *« Ne faites pas aux autres ce que vous ne voudriez pas que l'on vous fasse »*, cela sous-entend aussi que nous devons faire ce que nous voudrions qu'ils fassent pour nous. En aidant les autres nous attirons à nous un être qui nous aidera. Alors, faites des efforts pour soutenir quelqu'un, pour l'encourager et vous constaterez qu'une puissance supérieure viendra vous renforcer. Si vous avez besoin d'amour et de lumière, tâchez d'en donner d'abord à ceux qui en ont encore plus besoin que vous, et c'est Dieu Lui-même qui viendra vous aimer et vous éclairer.

24 décembre

*L*a succession des sept jours de la semaine répond à un agencement musical. Chaque jour correspond à une planète, et l'un après l'autre, comme les planètes ils passent devant le Créateur en chantant. Ils sont liés entre eux comme les grains d'un chapelet sans fin et ils forment une chaîne dont le déroulement s'inscrit dans l'éternité.

Si les chapelets ont une si grande importance dans beaucoup de religions, c'est parce qu'ils symbolisent l'enchaînement des forces cosmiques, la succession infinie des éléments et des êtres. Nous faisons tous, nous aussi, partie d'une chaîne, il ne faut jamais oublier cela, car c'est en gardant la conscience que nous appartenons à ce déroulement infini que nous vivons à l'unisson de l'harmonie cosmique.

25 décembre

Quand l'âme et l'esprit s'unissent, ils mettent au monde un germe qui est le point de départ d'une conscience nouvelle. Cette conscience se manifeste comme une lumière intérieure qui chasse les ténèbres, comme une chaleur tellement intense que même si le monde entier vous abandonne, vous ne vous sentez jamais seul, comme une vie abondante que vous faites jaillir partout où vos pieds vous portent. Et elle s'accompagne aussi d'un afflux de forces que vous consacrez à l'édification et à la construction du Royaume de Dieu, d'une joie aussi, une joie extraordinaire de se sentir en liaison avec tout l'univers, avec toutes les âmes évoluées, de faire partie de cette immensité… Et enfin la certitude que personne ne peut vous enlever cette joie. Dans l'Inde, on appelle cet état la conscience bouddhique, et chez les chrétiens on l'appelle la naissance du Christ.

26 décembre

La fusion est une loi universelle : partout on ne voit que les deux principes masculin et féminin en train de se fusionner pour créer la vie. Lorsque nous chantons, cette fusion des deux principes – les voix masculines et féminines – se fait très haut, dans le monde de l'âme et de l'esprit, et elle produit des résultats : la joie, la paix, la plénitude.

Par les chants nous pouvons donc réaliser un travail de la plus haute magie blanche pour le monde entier. Mais il faut que de plus en plus vous deveniez conscients de cette loi ; que de plus en plus vous travailliez pour arriver à vous dégager de tous les éléments susceptibles de vous retenir dans les régions inférieures pour arriver à cette pureté absolue qui exalte l'être entier, au point qu'il projette des couleurs, des flammes autour de lui. À ce moment-là vos cordes vocales vibrent différemment et transmettent des énergies, qui, en se fusionnant en haut, donnent naissance à des créatures célestes.

27 décembre

Il est très important de comprendre le rôle que peut jouer la montagne pour notre évolution et quelle est aussi sa place dans nos exercices spirituels. Lorsque vous vous trouvez devant un sommet, même si c'est à une très grande distance, concentrez-vous en tendant votre main vers lui, saluez les entités qui l'habitent, demandez-leur de l'aide et envoyez-leur en retour votre contribution à leur travail. C'est ainsi que vous apprendrez à créer des liens avec les sommets des plus hautes montagnes et que vous recevrez d'elles force et inspiration.

Rappelez-vous aussi que les montagnes sont des condensateurs d'énergie où vous pouvez puiser pour envoyer de l'aide à votre famille, à vos amis, au monde entier.

28 décembre

L'époque vient où l'on doit apprendre à ne plus travailler seulement pour soi-même, mais pour la terre entière. Pour réaliser cette nouvelle philosophie, il faut par la pensée s'élever jusqu'au Ciel afin de faire descendre la lumière, l'amour et la paix d'en haut jusque dans le plan physique.

La vie céleste doit descendre dans la matière, dans le corps physique et rayonner à travers lui. C'est pourquoi dans vos méditations, dans vos prières, demandez que cette lumière, cet esprit, cette puissance divine descendent sur vous, que toutes vos cellules en soient imprégnées… Après avoir travaillé ainsi des années, vous sentirez un jour que le Ciel est en vous, que la lumière est en vous, que l'amour est en vous. À ce moment-là, c'est beaucoup plus facile d'entraîner les êtres vers le bien, de les aider, de leur apporter la paix et la joie.

29 décembre

L’être évolué est celui qui se sent obligé de tenir compte des autres et d’avoir sur eux une influence bénéfique. D’un être pareil, vous pouvez attendre tout ce qui est le meilleur et le plus beau. Même s’il n’arrive pas encore à se manifester comme un poète, un musicien, il est déjà sur le chemin de la poésie et de la musique, parce qu’il agit d’après les lois de l’harmonie, en accord avec le monde sublime.

Quant à ceux qui ne craignent pas de troubler l’harmonie collective, on peut dire qu’ils sont encore très bas sur l’échelle de l’évolution. Oui, un anarchiste n’est pas un être évolué. L’homme évolué, l’homme intelligent est respectueux des autres ; et il est humble devant les lois de la nature, devant les forces et les entités divines, il les reconnaît, il s’incline, il s’harmonise avec elles et exécute leur volonté.

30 décembre

T*ant* que l'homme ne travaille pas à se purifier, les messages, les impulsions que lui envoie son Moi supérieur, son Moi divin, lui arrivent affaiblis, déformés. Regardez une lampe à pétrole dont le verre est enfumé : sa flamme n'est pas aussi lumineuse, aussi puissante, aussi belle que si le verre était absolument transparent, il faut le nettoyer. Nous sommes à peu près comme le verre d'une lampe à pétrole : la lumière qui est au-dedans de nous et qui veut se manifester à l'extérieur, cette lumière qui est l'amour, qui est la sagesse, doit passer à travers toutes les couches d'impuretés que nous avons accumulées à cause de notre vie déraisonnable, de nos pensées désordonnées, de nos sentiments égoïstes.

Donc, c'est simple, c'est clair, il faut se nettoyer, se purifier jusqu'à ce que nos différents corps physique, astral et mental deviennent tellement transparents et purs que cette lumière divine enfouie au-dedans de nous qui fait des efforts pour traverser l'obscurité, puisse enfin briller de tout son éclat.

31 décembre

*N*otre imagination est comme un ballon-sonde qui peut aller très loin dans l'espace enregistrer les splendeurs du Ciel pour venir ensuite les communiquer à notre conscience.

C'est ainsi que de nombreux peintres, poètes, musiciens ont trouvé leur inspiration. Au lieu d'aller la chercher dans les souterrains, comme la plupart des artistes le font maintenant, ils visitaient en esprit les régions sublimes d'où ils rapportaient des visions, des impressions qu'ils essayaient de traduire ensuite par la peinture, la poésie, la musique. C'est pourquoi tâchez d'amener plus souvent votre imagination vers les régions célestes et laissez-la contempler ces mondes de beauté qui laisseront sur elle leur empreinte.

La nuit du Wessak

Chaque année, dans l'Himalaya, au moment de la pleine lune de mai, se déroule, la nuit, la cérémonie du Wessak.*

La pleine lune de mai est doublement sous l'influence du Taureau : depuis le 21 avril le soleil est entré dans ce signe, et c'est dans ce signe aussi que la lune est en exaltation.** Le Taureau, c'est la nature prolifique, la fertilité, l'abondance. Ceci est encore souligné par le fait qu'il est le domicile de Vénus, planète de la génération. Le moment de la pleine lune de mai présente donc les meilleures conditions pour faire un travail avec les forces de la nature, afin d'attirer les bénédictions du Ciel sur les récoltes, le bétail, mais également sur les êtres humains. Car les humains aussi, s'ils savent attirer les influences bénéfiques qui circulent alors à travers le cosmos, peuvent en bénéficier non seulement sur le plan physique mais aussi sur le plan spirituel. C'est pourquoi par leurs méditations, leurs prières, leurs chants, leurs invocations magiques, les Initiés cherchent à créer dans l'espace des lignes de force afin d'attirer des

* Le Wessak est la fête de Bouddha. Au Tibet, elle est célébrée dans la vallée du Wessak.

** Certaines années, lorsque le soleil est en Taureau, la pleine lune a lieu en avril.

énergies qu'ils envoient à tous les êtres vigilants, éveillés, capables de participer à cet événement.

Il existe sur la terre des lieux plus favorables que d'autres à ce travail cosmique. Le lieu où se déroule la cérémonie du Wessak est le plus puissant de tous. Certains Initiés s'y rendent physiquement, d'autres s'y rendent par leur corps astral, en se dédoublant. Mais il est possible à tous d'y participer par la pensée, et à vous aussi. Pendant cette nuit, vous ne devez conserver sur vous aucun objet métallique, car le métal n'est pas un bon conducteur des ondes qui descendent des régions spirituelles. Mais la seule condition véritablement indispensable pour être admis à cette fête est l'harmonie. Veillez donc à ne garder aucune mauvaise pensée, aucun mauvais sentiment à l'égard des autres, et trouvez l'attitude intérieure qui vous permettra de recevoir les bénédictions que les Initiés envoient cette nuit-là aux enfants de Dieu.

INDEX

A

B

D

E

F

G

H

I

J

L

M

N

Q

R

S

T

U

V

Note : Sans rejeter la division corps – âme – esprit adoptée traditionnellement en Occident, Omraam Mikhaël Aïvanhov a surtout utilisé la division en six – ou sept – corps, inspirée de la philosophie hindoue. (Le corps éthérique, souvent mentionné, fait partie du corps physique. Voir à ce sujet le chapitre VI de « La vie psychique : éléments et structures »).

Les trois activités fondamentales par lesquelles se caractérise l'homme sont la pensée (qui a pour instrument l'intellect), le sentiment (qui a pour instrument le cœur) et l'action (qui a pour instrument le corps physique). Ne croyez pas que seul le corps physique soit fait de matière : le cœur et l'intellect aussi sont des instruments matériels, seulement leur matière est plus subtile que celle du corps physique.

Une longue tradition ésotérique enseigne que le support, le véhicule du sentiment est le corps astral et celui de l'intellect le corps mental. Mais cette trinité : corps physique, corps astral, corps mental constitue notre nature humaine imparfaite. Ces mêmes facultés de la pensée, du sentiment et de l'action se retrouvent en nous à un niveau supérieur, et là, leurs véhicules sont les corps causal, bouddhique et atmique qui forment notre Moi divin. Les trois grands cercles concentriques indiquent les relations qui existent entre les corps inférieurs et supérieurs.

NATURE SUPÉRIEURE

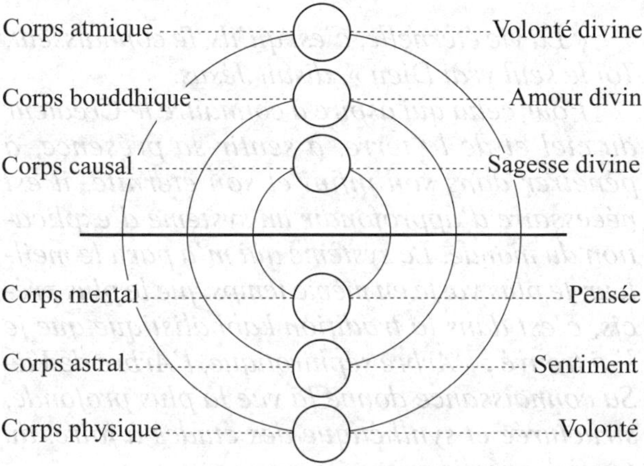

NATURE INFÉRIEURE

Le corps physique qui représente la force, la volonté, la puissance dans le plan matériel est lié au corps atmique qui représente la force, la puissance et la volonté divines.

Le corps astral qui représente les sentiments et les désirs égoïstes et personnels, est lié au corps bouddhique qui représente l'amour divin.

Le corps mental qui représente les pensées ordinaires et intéressées est lié au corps causal qui représente la sagesse divine.

Omraam Mikhaël Aïvanhov

« La vie psychique : éléments et structures » – *N° 222, chap. III, Collection Izvor.*

Introduction à l'Arbre séphirotique

« La vie éternelle, c'est qu'ils Te connaissent, Toi le seul vrai Dieu », disait Jésus.

Pour celui qui aspire à connaître le Créateur du ciel et de la terre, à sentir sa présence, à pénétrer dans son infini et son éternité, il est nécessaire d'approfondir un système d'explication du monde. Le système qui m'a paru le meilleur, le plus vaste en même temps que le plus précis, c'est dans la tradition kabbalistique que je l'ai trouvé : l'Arbre séphirotique, l'Arbre de Vie. Sa connaissance donne la vue la plus profonde, structurée et synthétique des études à faire, du travail à réaliser.

Les kabbalistes divisent l'univers en dix régions ou séphiroth correspondant aux dix premiers nombres (le mot « séphira », au pluriel « séphiroth », signifie numération). Chaque séphira est identifiée par cinq noms : le nom de Dieu, le nom de la séphira elle-même, le nom du chef de l'ordre angélique, celui de l'ordre angélique et enfin celui d'une planète. C'est donc Dieu qui dirige ces dix régions, mais sous un nom différent dans chaque région. Voilà pourquoi la Kabbale donne dix noms à Dieu. Ces dix noms correspondent à différents attributs. Dieu est un, mais Il se manifeste différemment suivant les régions.

L'Arbre de Vie se présente comme un schéma très simple, mais son contenu est inépuisable. Il est pour moi la clé qui permet de déchiffrer les mystères de la création. Il n'est pas destiné à nous enseigner l'astronomie ni la cosmologie, et d'ailleurs personne ne peut dire exactement ce qu'est l'univers ni comment il a été créé. Cet Arbre représente un système d'explication du monde qui est de nature mystique. Par la méditation et la contemplation, par une vie de sainteté, les esprits exceptionnels qui l'ont conçu sont parvenus à saisir une réalité cosmique, et c'est leur enseignement transmis par la tradition et toujours repris, toujours médité au cours des siècles, qui est pour l'essentiel parvenu jusqu'à nous.

Un Maître spirituel est conscient des responsabilités qu'il prend en faisant entrer les humains dans ce sanctuaire de la Divinité, et c'est donc avec beaucoup d'humilité, de respect, de vénération que vous devez aborder ces connaissances. En revenant souvent sur ce tableau, vous allumerez des lumières en vous. Vous n'arriverez certainement jamais à explorer toutes ses richesses, mais de Malhouth à Kéther cette représentation d'un monde idéal vous tirera toujours vers le haut.

Arbre séphirotique

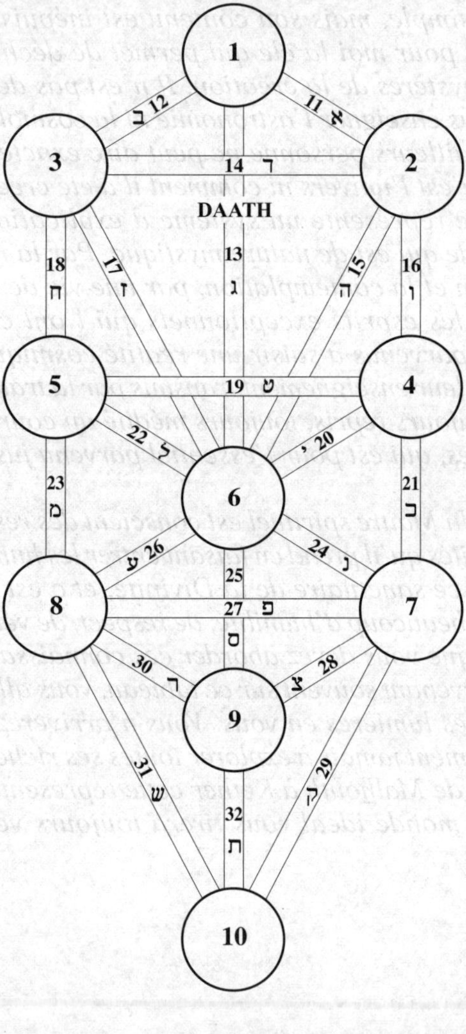

Arbre séphirotique

1 Ehiéh
Kéther – *la Couronne*
Métatron
Hayoth haKodesch – *les Séraphins*
Réschith haGalgalim – *les premiers tourbillons (Neptune)*
♆

3 Jéhovah
Binah – *l'Intelligence*
Tsaphkiel
Aralim – *les Trônes*
Chabtaï – *Saturne*
♄

2 Iah
Hohmah – *la Sagesse*
Raziel
Ophanim – *les Chérubins*
Mazaloth – *le Zodiaque (Uranus)*
♅

5 Elohim Guibor
Guébourah – *la Force*
Kamaël
Séraphim – *les Puissances*
Madim – *Mars*
♂

4 El
Hessed – *la Grâce*
Tsadkiel
Haschmalim – *les Dominations*
Tsédek – *Jupiter*
♃

6 Eloha vaDaath
Tiphéreth – *la Beauté*
Mikhaël
Malahim – *les Vertus*
Chémesch – *Soleil*
☉

8 Elohim Tsébaoth
Hod – *la Gloire*
Raphaël
Bneï-Elohim – *les Archanges*
Kohave – *Mercure*
☿

7 Jéhovah Tsébaoth
Netsah – *la Victoire*
Haniel
Elohim – *les Principautés*
Noga – *Vénus*
♀

9 Chadaï-El-Haï
Iésod – *le Fondement*
Gabriel
Kéroubim – *les Anges*
Lévana – *Lune*
☽

10 Adonaï-Méleh
Malhouth – *le Royaume*
Sandalfon
Ischim – *les Hommes parfaits*
Olam Iésodoth – *Terre*
♁

Les deux natures de l'être humain et le système des six corps

Références

ISBN 978-2-85566-231-2

Réf. C11FR

ISBN 978-2-85566-287-9

Réf. P213FR

ISBN 978-2-85566-368-5

Réf. P222FR

L'Arbre séphirotique (Arbre de la Vie)

Références

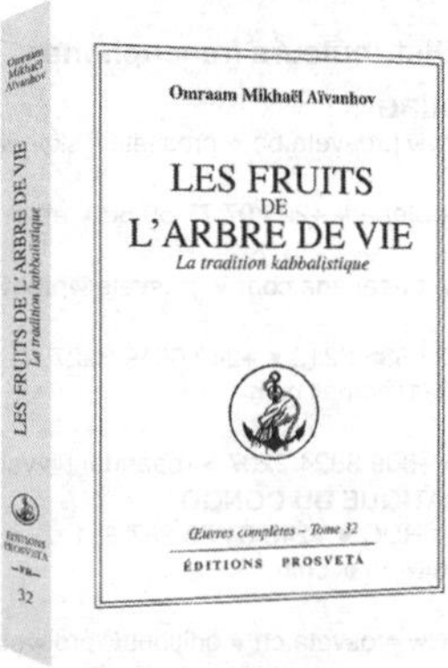

ISBN 978-2-85566-407-1
Réf. C32FR

ISBN 978-2-85566-594-8
Réf. P236FR

ISBN 978-2-85566-613-6
Réf. P237FR

Éditeur – Distributeur
Éditions Prosveta S.A. (France)
www.prosveta.fr • www.prosveta.com • international@prosveta.com
Tél. +33 4 94 19 33 33

Éditeurs • Distributeurs • Points de ventes
Pour une liste complète, voir:
www.prosveta.fr

Distributeurs francophones

BELGIQUE & LUXEMBOURG
Prosveta Benelux • www.prosveta.be • prosveta@skynet.be
BENIN
Ets Evera Librairie-Papeterie • +229 97 77 59 50 • etsevera@gmail.com
CANADA
Prosveta • www.prosveta-canada.com • prosveta@prosveta-canada.com
CONGO
Ets Providence • +242 5536 6212 • +242 6619 3927
• librairieprovidence2021@gmail.com
HAÏTI
Prosveta dépôt Haiti • +509 3824 2207 • rbaaudant@yahoo.com
RÉPUBLIQUE DÉMOCRATIQUE DU CONGO
Zora Livres Distribution RDC • +243 84 33 387 801
• zora.livresdistribution@gmail.com
SUISSE
Éditions Prosveta • www.prosveta.ch • editions@prosveta.ch
TOGO
Le Livre • +228 90 04 83 73 • fbu_togo@yahoo.fr • lelivre1@yahoo.fr

---

L'association Fraternité Blanche Universelle
a pour but l'étude et l'application de l'Enseignement
du Maître Omraam Mikhaël Aïvanhov édité et diffusé
par les Éditions Prosveta.
Pour tout renseignement sur l'Association et ses activités,
s'adresser au Secrétariat de la Fraternité Blanche Universelle
2 rue du Belvédère de la Ronce
F - 92310 SÈVRES, FRANCE
fbu@fbu.org • www.fbu.org

Achevé d'imprimer en juin 2021
par PRINTCORP

Dépôt légal : juin 2021